# When Children of Immigrants
# Are Left Behind

# When Children of Immigrants Are Left Behind

## My Story Must Be Told

Barbara Deotisis Luna De Acosta, BS in Psychology

iUniverse, Inc.
Bloomington

# When Children of Immigrants Are Left Behind
My Story Must Be Told

Editing services by Jaclyn Rivera, in collaboration with Yudilennis Caneda.

iUniverse books may be ordered through booksellers or by contacting:

iUniverse
1663 Liberty Drive
Bloomington, IN 47403
www.iuniverse.com
1-800-Authors (1-800-288-4677)

ISBN: 978-1-4620-6481-6 (sc)
ISBN: 978-1-4620-6483-0 (hc)
ISBN: 978-1-4620-6482-3 (ebk)

Printed in the United States of America

iUniverse rev. date: 11/17/2011

*To the following people, who have touched my life in such ways that no one can ever imagine:*

*My husband, Joseph Agustin Acosta; my daughter, Lunnarie Barlycis Acosta; my son, Tin Nathan Acosta; and my beloved Tim Newton Acosta;*
*My siblings, Mr. Saulio Martin Luna Jr., Mr. Jimmy Aristide Luna, and Mrs. Marisol Luna, my little sister;*
*My parents, Mr. Saulio Francisco Luna Sr. and Mrs. Francis Almonte De Luna, for making the ultimate sacrifice to better our future;*
*My grandparents whom I so deeply loved, Mr. Rodolfo Pichardo Luna and Mrs. Amantina Collado De Luna, and our dear nanny, Mama Rosa;*
*Mrs. Encarnacion Fernandez Gomez De Almonte (lovingly, Mama Casion) and Mr. Juan Maria Almonte, grandparents from my mother's side.*

# CONTENTS

# *Introduction*

*I*am a native Dominican, and my story must be told in order to serve as a warning for parents—parents from all over the world (not just Dominican parents). Parents must know the real possibility of traumatic events waiting to take place in their children's lives once they choose to leave their children behind! They must understand that leaving their children unprotected and simply "hoping" that someone else will care for their children as well as they do is but a pleasant story they tell themselves to soothe their hearts, which are aching as a result of their troubling decision—a story to appease their consciences. No one can protect and care for a child as well as his or her own parents, and so when parents choose to remove the bond of love between parent and child by removing themselves physically from their children, they are handing a responsibility that can only rightfully be theirs and risking endangering their children. Parents can never truly know the honest intentions of the relative or stranger to whom they entrust their children's lives and well-being. The anger and frustration at not being able to take a "sick day" or "vacation day" is great. As a parent, you are choosing to leave your children behind with an individual who will be subjected to this type of work environment and over whom you will have *no supervision. Parents don't ever stop to consider what would happen if this caretaker were to die or become sick. What if there was no one around for miles because the home where the caretaker lives was a remote place that cars couldn't reach? What would happen to the child then, especially if the child was too young to express him or herself?*

*Those are just a few of the questions that I ask myself today. Our poor parents had no idea of the magnitude of the problem when they left us. They had no emergency plan, which is something you need to have in place in a child's life. I dare make these comments with such liberty because I speak from personal experience. Not only was I left behind, but I've also had endless conversations with my parents after the fact and have gathered much insight from those conversations. One of the things that became obvious to me was that my parents always wanted the best. They were never truly at ease with our care or progress back home. During our conversations, my parents openly admitted that they never thought of what could happen in their absence.*

*That my parents' intentions were noble is an indisputable fact, but that they left us and that, given the times (the 1960s), we were not even able to speak to them and that this alone constitutes a great stress in the life of a child is also an indisputable fact. For example, there was no phone at our home in those days. You would need to have a lot of money in order to obtain one; therefore, we were at the mercy of airmail or word of mouth.*

*In addition to the dreadful lack of communication, parents had no guarantee that they would find their children mentally, physically, or spiritually well when they were able to reunite* with them. So our parents left, and they knew what they were leaving, but they had no idea of what they would find upon returning.

Is the need for financial advancement so important that it is worth leaving your children behind? Sometimes it's not the people who are caring for your children that hurt them; sometimes, it's the people who are around your children or their caretakers in other capacities. If you are considering whether or not to leave a child behind, reading this book is not optional.

After being left behind, a child must cope with issues around trust, abandonment, and loneliness; these issues are very real in the mind of a child who wakes up one morning and his or her parents have simply "left." I remember feeling lonely, abandoned, and bewildered very vividly, and it is, perhaps, here where my story should start.

Being left behind makes you feel like there is no one that you can hold on to. It's the feeling of being an orphan. After days, months, and years pass, you develop a sense of low self-esteem that no one can help you shake off.

Your parents come to see you sometimes, and in a way, you can't relate to them; neither can they relate to you. Someway, somehow there is no bond left, and when you regroup with them, they are as much strangers to you as you are to them. They are different and unable to relate due to their acculturation to the country in which they now live. They have been culturally desensitized to your ways of being. Because of the new culture of which they are now a part, you are getting parents from an *"exchange program"—they have now been reprogrammed with a new lifestyle. What can you do as a child to please parents who are now so different from you and the rest of the relatives who were left behind?*

*They now view the old country and its way of life as a much unwanted lifestyle. They can only think of rushing back to their precious running water, electricity, and all of the comforts that have somehow "replaced" us children—at least we feel replaced. (I wonder if parents ever realize that.) As a child, I couldn't understand my parents' motives or the feelings that were overwhelming me!*

*This, dear reader, is my real story; every character and every event in it is real. It is not a story recounted secondhand. This is the soul of a child who now lives in the body of a fifty-year-old, grown woman and still cries out. It's the soul of an adult who cries for those who are left behind and have little or no hope of reuniting with their parents anytime soon.*

# Chapter 1

## Migration in the 1960s

*I*n the 1960s, a great deal of people migrated to the United States of America seeking financial gain and for other reasons too many to list. The situation at those times in the Dominican Republic was not the best for my parents financially. According to my parents, although the country itself was not doing badly financially, my parents were not personally doing that well. They were living in a rented room with no space for us, and they had three children at this time—my two brothers and myself. My sister would be born later.

My father was a barber; a musician; and, of course, a jack of all trades. You see, my father had an eighth-grade education level, but he was one smart man when it came to bringing home what the family needed. He was always an excellent provider. He was very good with math and other school subjects. However, he never pursued any other level of education. His best trade was the knowledge that he had from the streets. He was well oriented there. No one could beat him on that front. He used street knowledge to make a living and pay for the little room in which we lived.

*Those qualities were what brought my mother into his life. He had enthusiasm toward doing things and making things happen. He was never scared of anything. He faced life like a champ or like a tiguere (tiger). (This word is used in our country, and it refers to a man who is a wise or tricky person.)*

*My parents were very much in love, and they were both the envy of the town. The women were always after my father. My mother was a beautiful woman, size three, who resembled a Hollywood star, but she didn't know it at the time. Her self-esteem was low, and she was not aware of her looks or how much she had to offer.*

*She had no knowledge of evil or what the world would be like in this little town of Janico. On the other hand, she also didn't know what this town could offer her as a person who came from the countryside, or we can call it "the hills," where people came with total innocence and a naive sense of the world. People from the hills knew nothing but the fact that everyone around them was good and willing to help.*

*My mother was innocent, and she trusted everyone around her. She was unable to see behind the devious minds of those around her, who had much more experience and worldly sense of knowledge than she had ever known. The fact that, in her eyes, no one could do wrong and everyone was there to help and guide her was her downfall.*

*My father, on the other hand, had another sense of the world and also had his ways with the ladies. The rule in the Dominican Republic at that time was the following: If you were a serious woman and a homemaker, you would stay put at* home and take care of your children. Meanwhile, the man of the house went out and partied, and in addition, was unfaithful to his wife. This was "okay" with the women in my grandmother's generation, and so it was with my mother.

My mother suffered so much, but she never let those filthy, dirty women with whom my father cheated know that his unfaithfulness was bothering her. As a child growing up, I never saw that she was suffering any type of emotional disturbance in her life. She was always a very calm and happy person. You see, in those times, people, especially wives, played a game of appearance and made believe that everything in the home was fine. The machismo was so strong in that type of social environment that there was no space for expressing feelings or complaining of a lack of time or talking about one's needs. We women had to take whatever came to us, just because.

God forbid that my father ever carried us and we soiled his clothing at any given time. We were clean, and my father did not participate in the caring for or cleaning of his children. That was the job of the woman and not of the man. If another man saw a father carrying out this type of work, the latter was looked upon as a maricon, or a weakling. The caretakers were the nannies and the mothers; the men had no part in their children's lives up to a point.

My mother did just as was expected of women at the time. She was always home with the children, and although she sensed that my father was being unfaithful, she was unable to do anything about what was happening in her marriage. She had no facts, but the rumors from the people of the town of

Janico were killing her slowly. She had only a third-grade level of education. What was she to do with three mouths to feed? She had never worked before, but she had the wonderful skill of sewing. She often saw herself as someone who was worthless when it came to providing for her children financially. Although in those times it didn't take much money to feed a family, she had no means of obtaining money outside the home. My mother started to sew and made a little money here and there. However, no matter what she did to occupy her time, taking care of the three kids in the home required a little too much.

One day, my mother noticed that she was getting very sick and that, for no reason, her arm was getting thinner. My father's lover made fun of her and would shout out things like, "Here comes the tuberculosa" (the lady with tuberculosis). People who didn't know her would move away from her, crossing to the other side of the street, in town. The pain was unbearable, and her arm became so thin that she was at a loss as to what to do. The doctors had no idea what was wrong.

Someone told her that, due to envy, someone who wanted my father had placed a spell on her so that my father would not look at her as his wife any more. She was forced to enter some type of spiritual witchcraft center. The people at the center confirmed that it was, indeed, a spell; they needed to do some type of work to remove what had been done to her. My mother didn't believe in those things and wanted to run away from that dark and dreary place, but the person who brought her there insisted that she had the work done. Apparently, it worked, and my mother's arm became normal and healthy shortly after that *visit to the witch doctor. She was happy, and many other things began to fall into place. Her marriage was working out. Things were looking good, and my father's attitude started to change.*

*My parents were in more harmony than ever, and they had a little money to spend here and there. It took about twenty-five cents for her to make a meal in those times, and they could eat like kings according to her and my dad. However, they were going nowhere very fast.*

*One day, my mother obtained facts concerning the woman who was sleeping with my father. She was ready to leave him and go back home to the hills. When confronted with the facts, she didn't even think about her lack of skills or a job or the rent or food she would need to provide for her small children. She was determined to leave my father and start all over again. She confronted my father and gave him a warning concerning this matter.*

*My father took this threat from my mother very seriously and promised her that he was going to change. However, the most important thing that my father offered my mother was that he would take her out of Janico, which at that time was better known as "little town, big hell." This was the nickname at the time for a town whose inhabitants were always gossiping, committing adultery, and fornicating. All this was just a big joke to the people who lived there. My parents both promised to start fresh, so that they could rebuild trust and become a family in New York, the land of the gringos where everyone was equal, according to them.*

It took no time for my father to obtain a visa and enter the United States. He arrived there with fifty dollars in his pocket and nothing else.

He was able to stay in some relatives' home for a couple of days. He then obtained his own little room downtown at Lafayette and Delancy Street, where all the Dominicans used to migrate to and become independent when they first came into the good ol' USA. My father was very thankful for the support that these relatives gave him and for all the Janiquero, who never left him until he was able to support himself. Among such people were the comadre (godmother), Mrs. Telma and her husband, Mr. Andre. Life might have been a little harder without their support.

My father now had a job as a barber and made a little money here and there. He started to save up and worked on my mother's visa, as he had promised.

*It was not easy to save money with the salary of a barber in those times. In order to save, he ate a bowl of soup, which at the time cost about twenty-five cents; this was, for him, a big splurge, as my mother could cook a full meal for the same amount back home. My father never learned to boil water much less put a meal together, so in order to eat, he had to buy already prepared food. He had never cooked and did not know where to start.*

# Chapter 2

## Plan with a Twist

**M**y parents' plans continued, but with a twist: my mother was to join my father in the United States, but only to work, in order for her to help my father. They both wanted to save money and buy a little house back home and own something in our country. They thought that, if they did this, they would probably live a more uplifting lifestyle.

My father thought that, if we children came to New York, we were all going to be "lost," using drugs and having sex before we were old enough; he imagined that terrible things were going to happen. At the time, working to save and buying a little house back home didn't sound like a hard thing to do. My parents' most important goal now was to settle down and obtain some property back home.

My siblings and I had no idea of their plans because my parents thought that children had no need to know what their parents were planning. Their saying was, "The children talk when the chicken urinates." The chicken never urinates, as chickens defecate and urinate at the same time. In other words, *we were never to speak. When it came to communication or making decisions that had to do with grown-ups, children were not that important. The opinion of a child was not that important, and asking a child's opinion was not part of the way people brought up children in those times. Your parents did all of the thinking and talking for you; children had no rights.*

*A couple of months passed, and my father was able to bring my mother to the United States to accomplish the goals that they had established. They worked very hard and were able to save up some money, but not real money that they could survive on. As soon as they saved some money, they were able to buy a tiny house back in the town of Janico. They were content with this accomplishment. But wasn't going back to the same hole that had gotten them in trouble in the first place a big mistake? They also bought other important items, such as a refrigerator and other electrical items that no one in town had ever seen, much less owned. Of course, we are talking about the '60s!*

*For a couple of weeks my parents were content, but then it hit them. Was this it? Were they just going to stay there and accomplish no other dreams for themselves and their children? They both thought that, if my father would continue to do what he was doing before—saving money—they would be just fine.*

*The only problem was that they would spend most of their lives in separate countries—my father in the United States and my mother in the Dominican Republic with the children. I am sure that she would have had anything she needed or wanted, but how long would it be before they each drifted apart in different places?*

With the finances as a goal, they both thought that it was not a good idea for them to separate. They decided that it was best for them to unite and work as hard as they could so that they could bring us all to the United States. As time went on, they both realized that they just couldn't live there anymore. They needed to leave Janico again, and this goal became their mission.

# Chapter 3

## Missing My Parents

*M*y brothers had no idea of time or memory of what was going on, I think! They never talked about it, but then again, they were too small to talk and express verbal sentiments. Were they aware or not? Was it just me who remembered my parents and needed them so much? My thoughts for years were those of the left behind child, almost as if it was a syndrome or a defect. Was I someone's child or was I alone in this big world? The world was so big in my eyes.

One day, I lay down on the dirt and looked up to speak to God, since no one seemed to listen or care about me. It was so hot that day that I fainted and lay unconscious for a couple of seconds in the hot, brown dirt.

Our nana was never able to fill the empty space in my heart that felt like a big, bottomless hole. Memories of my parents were still vibrant, and at times, I hated them for leaving us alone with this nana person—this old, old woman. She was very old, but she was strong and very nice at times. Still, I needed my *mother to hold and talk to. However, my mother only needed my father, or at least that is how I felt.*

*Sometimes, I would cry myself to sleep thinking and hoping that when I woke up, my mother would be there. Night after night, I went to bed with the same wish, though I had no real hope of seeing my mother or father.*

*When it came to my father, I had already forgotten him and the image of his facial features. He was a long gone memory. I simply remembered that he was a man. I soon only vaguely remembered my mother.*

*My siblings and I were left alone with no protection from predators, such as pedophiles, thieves, and others. We were three (and later four) children with no one who could defend us other than this old nana, who needed protection herself. Our nana trusted too much, and according to her, we children faced no real danger. She had no idea about what we did or where we were during the day. Meanwhile, we played in the different backyards in the neighborhood with people who had created nasty ideas in their minds toward us children. We went into homes with people who were not of good characters or pure hearts. They were evil and dangerous to the children around them.*

*However, no one was able to detect this danger during those times. Old men looked like honest, trustworthy people just because they were old and married. Well I have bad news for you; not everyone who is old and married can be trusted. Some have other things in mind when it comes to the children around them. They can be and are creative in order to entice children and destroy their innocence, the only thing that is left in a child. Children who are left behind are the perfect target for those types of crimes. Who was going to believe a child over a grown man in those times? Believe me, children were not safe; they were in danger of becoming the victims of such predators.*

# Chapter 4

## The Day I Started Going Blind

*W*e would spend days without eating and playing with all types of children and teenagers from the town. Overall, the children and teens had mutual agreements, and the older ones took good care of the younger children. Chicho and Sime were brothers and many years older than us, but they were pure of heart and protected the children like us. They were like the big brothers that we never had. They made us toys from garbage, like wood and wheels that were left over from some construction site. The saying, "It takes a village to bring up a child," was true with most of the children during those days. The people of the village truly did take care of the village children.*

*My favorite day of the week was Friday. On Fridays, my friend and I would collect all the teeth the dentist next door to us had extracted that week. There would be teeth from the townspeople, as well as from the people who had come from all over the hillsides and other different places to have extractions either because of infections or just because they wanted gold implants. I had more teeth than my friend, and we used to trade them for candies or petty things with other children.*

*As the years passed, more and more parents left looking for a better life and material gains. Our parents, in many ways, became a role model for those other parents. Many families were distraught and many destroyed because of this situation, but life went on. Their children also moved on.*

*It wasn't long before some of the children who had played with us were gone. Each time a child left, those of us who remained behind shared both a feeling of sadness and of joy. I always thought that our turn would someday come, and that day—the day that we would reunite with our parents and with the friends who had already left—would be the best day of our lives.*

*Still, even as children left, many of us remained in town, as more and more parents migrated to the United States, hoping to give their families a better life and to work in order to bring them overseas.*

*I acted like a tomboy, but I didn't dress like one. Although I was very girly in many ways, I enjoyed climbing trees and killing the poor geckos. The boys and I were equal in the games we played.*

*I remember having a big argument with my nana because I wanted to have a bimbin (street slang for penis in the Dominican Republic) so that I could pee in the holes of cacatas (tarantulas). I begged her for a bimbin, although I had no idea what one looked like. I just knew that the boys used to say, "Okay, turn around because we are taking the tarantulas out of their holes."*

And Evelyn, Albanery, Mariclu, and I would scream and turn around. Before we knew it, the tarantulas were coming out of their holes. We would run like bats out of hell, but it was fun.

My nana would not permit me to ask about the penis, and so my mouth was washed out with soap and water. That was the last day I ever mentioned to her my desire to have a penis to pee in the holes of tarantulas. I figured either bimbin was a bad word or, perhaps, owning one was too much responsibility because the punishment was too harsh.

One day, while playing marbles with the boys, I noticed that my head was hurting. I was not concerned until I realized that I was unable to see the marbles well. My cousins, Dionel, Evelio (El Bule), Viviani, Nikanor, Evelyn, Albanery (La Chama), and Bertico were present and asked if everything was okay. I felt as if something had exploded inside my head. I was nauseous and dizzy, and my vision in my right eye became blurry. My whole face was cold and then hot, as the side of my face was pulsing. I ran home like a crazy kid. Everyone was shocked because, when I was playing, I would always finish my game with the boys, and most times, I would win.

When I made it back home, I told my nana what had happened. Her words were, "I don't have time now, Barbarita." I lay down with my pain and with no one to express how I felt. My brothers were too young to understand, and so I was on my own with whatever had happened to me inside my head. I just cried myself to sleep, as I was used to doing since my mother had left.

15

*There were no doctor appointments ever, unless something was terribly wrong with you; this was the norm. In the Dominican Republic, you did not go to the doctor unless you had a very serious situation or had money to do so. We didn't have either at the time, so everything was just swept under the rug, and no action was taken.*

*During this whole time, I told myself, If my mother was here, this would not have happened. She would have made me tea and rubbed some Vicks, which was the miracle medicine for all Dominican children and the rest of the Dominican population, into my aches. Vicks would always cure everything. But no one came to my rescue.*

*I felt my brother, Saulio—the second oldest in the family, who was, at the time, about five years old because I was about seven—placing his hand on my forehead as if he was praying for me. I felt comforted knowing that he cared enough to see what was going on with me after the game. I lay on the bed for hours remembering that it was daytime when I had gone to bed and now that I had woken up, it was nighttime. When you are a child, you have no sense of time. I couldn't tell time until I was about ten years old. For children, light is day, and dark is night; that was all we needed to know.*

*I was a fragile and skinny-looking kid, a weakling. I was always sick from asthma and had developed emotional epilepsy and fainted everywhere for no apparent reason. Now the list of my ailments was growing larger; I was going blind without even realizing it. I had no type of medical care; nor did I have any control over what was happening to me. There was no time*

16

*for my nana to stop and care about me. Can you blame her? She was old and had too many children to take care of.*

*The next day arrived, and no one knew if I had eaten or not. It was like this all the time. It was a vicious cycle that had no end.*

*I was in school the next day and did whatever came first to mind. I went out to play during recess and, due to not eating, fainted. The sun was hot, and at noon on the island, the sun was no joke. The next thing I knew I woke up in my house without knowing how I had made it there. My grandparents, who lived up the hill, were not always there, but they did care and came down to see what was wrong with me this time.*

*They would sometimes bring us little things like dulce de leche and mint candy. The Dominican children loved to eat those treats. Sometimes, I wondered why they didn't come down as often, but as a child, I did not give much thought to those little details. You got what you got, and you enjoyed it as much as you could without saying or questioning anything. Remember that children talked when the chicken urinated, which was never.*

*During those long days while I remained at home feeling sick, I can't recall that anyone brought me a book or any type of object to make me feel better or that I could play with—something that parents today do for their children just because they are sick. There was no love or mercy.*

*As all the children played, I stayed home, as if time was standing still. My asthma became worse, and at times, I had to sleep at my grandparents' home because, truly, my illness was just too much for the old nanny to deal with. After all, with the birth of my younger sister, our nana needed to take care of three other children too. We were just too many children, and there was only one old nanny to do it all.*

# Chapter 5

## The Witch Doctor and His Spells

*T*he day that I was taken to sleep with my grandparents, I didn't let them sleep. During that time, I slept in their bed, and my coughing from the asthma attack was so strong that it would move their bed, keeping them from sleeping.

My grandparents were not religious in many ways. However, they believed that something needed to be done. They chose to call the local witch doctor to come and do what they called *un ensalmo* (a spell that the local witch doctor would say over you so that whatever ailment you had would go away).

The local witch doctor came, and I was terrified. He and my grandparents cut a large piece of my beautiful, long, curly hair and passed me from side to side through the middle of a *guanavana* (guava) tree that had been split in half. During this ritual, they also placed the large piece of my curly hair inside the tree. I was scared to death and screamed loudly, as if they were killing me. They also prayed some strange words that I didn't understand and tightly closed the tree in which my hair was placed. They tied the tree in such a way that it looked as if it had never been split in half.

My grandparents did this without the permission of my parents, knowing that my parents would probably not have approved of this ritual.

It appeared as if the ritual had helped my asthma because I was better, and for some time, the long nights of wheezing were over.

I was returned to the nanny, where my siblings were waiting for me. Returning to school was terrible, as the children knew that I had been sick. They were all afraid to play with me because they thought that they would get sick too. A lonely day at school made me feel left out, as if I was not left out enough in my house. There were times that I was invisible to the eyes of my nanny, and now I had become invisible in the eyes of everyone around me.

# Chapter 6

## The Incredible Lack of Supervision

*T*he town was a boring town to live in. What the town had to offer were things that only a grown-up could relate to and enjoy. There were no fun places to attend or museums to visit.

The biggest attraction was going to the river to bathe, and that was an activity children could generally enjoy and only do if an adult went with them. However, that rule did not apply to us, the children of the New Yorkers. For you see, if there was no supervision, you could do anything that you wanted to do, and no one would ever know. After all, the nannies were not aware of any of the children's activities, as she was busy cooking and taking care of the household chores.

In our home, there was almost no awareness of what happened to us during the day. Our nanny was old and tired of the four children running around the house and the neighborhood. Her only concern was to make sure that we were home before night fell and darkness covered the streets. In those times, there were no streetlights in Janico. Our nanny made sure that we were alive at the end of the day, and that was all that mattered.

Food was cooked, I must say, but not likely eaten, for no one felt the need to spend time with the children while they ate or to even ask how their day had gone.

I felt sorry for my nanny; she had no days off. She was more or less in the same situation as we were, and she had no one to ask her how she was doing either. She had two children, who came to see her once in a blue moon, but all in all, she was very lonely. When her children came to town, she spent our food money on them. They came from a great distance and, most of the time, had no money. They lived in the hills somewhere deep in the countryside. When they came to our house to see Nana, they would always take from her, but I never saw them giving her anything in return.

There was a girl and a boy. The girl was married to a man who didn't have much, and she struggled with her little family. The boy would eventually make it to New York. They all had strange but normal, humble lifestyles. They were very humble people and extremely simple. They made their own clothes, and everything they did—the way they spoke, ate, walked, and even the way they dressed—was embarrassing to us as children..

According to my mother, our nanny had never had a home to live in. She had gone from home to home caring for the children of others, and that was how she had survived during her lifetime. Through the mercy of others, she had supported herself. The father of the two children had died and had never recognized them as his natural children. He hadn't even given them his last name, which was the least he could have done.

She had suffered and her children had grown up knowing this. This made them feel like they were not valuable as people, and they both had low self-esteem, which was very obvious. Neither had ever learned how to read or write, and both had learning problems. All this was a result of poor nutrition and a lack of time and dedication toward them as children.

Thinking back, I can truly say that I felt sorry for the quality of life they all had, especially our nana, who was her children's financial support for all those years. Her daughter would die from an unknown disease before she passed away herself. Her son would manage to travel to the United States, and despite his illiteracy problem, he would learn how to drive and live a full life until his old age.

Our nanny was a hardworking person who never took a day off from work. During the time that she was caring for us, she was overwhelmed, and our parents never stopped to see this situation. But of course, in those times, people never thought that anything bad could happen and hoped only for the best.

Nana was doing her best, but now with four children to care for after the birth of my little sister, her best was not enough. We were neglected, and this was painful for us. We were four children at the mercy of one person who was too old to stop and rest.

Once, my little brother, Jimmy, disappeared for a whole day. He left at 10:30 a.m. and did not return until 7:00 p.m. when the night had already started to fall. He had been upset about some old lightbulb that he had broken on purpose. The more we had told him to stop messing with the lightbulb because he was going to get hurt, the more he did it. This had made Nana very angry—a rare occurrence—and she'd told him that she was going to hit him. The word hit had made him run out and leave the house. We did not see him again until my uncle, Mr. Pachiro, who had just happened to visit from the countryside that day, found him under the floor of our house. Uncle Pachiro first looked for Jimmy in the backyard and at the tops of trees. He then heard a sound from the bottom of the floor, which was made out of wood, and called Jimmy's name from the porch.

Jimmy was tired. "I am here, Uncle," he replied. Hungry and dirty, Jimmy gave up on hiding.

We were all very happy that my uncle had helped us find our little brother. Jimmy was never punished, for he was Nana's favorite child. He was called the golden boy, as he had golden hair and white skin. My other brother, Saulio, was relieved when Jimmy was found because the two of them acted as if they were twins. At only four years old, Jimmy was too young to know how dangerous it was for him to just disappear. I, in the other hand, was thankful that he was okay, as I knew of the dangers out there; I had cried and cried and prayed for my brother to be found soon.

My parents never found out about my brother's disappearance because my nana was unable to write and believed that there was no need for my parents to know of the incident. Every day, different things would take place, and *there was no ways to communicate about what was going on with my parents. They found out whatever they found out when people from the town told them or when they did come home to see us during the year.*

# Chapter 7

## When Nightmares Become Reality

*M*y mother had sent a letter and stated that she was coming to visit us in December for Christmas. The house was being cleaned, although it was clean most of the time, and special food was being made. My grandparents, who lived in the town up the hill, had informed my nanny that my brothers and I should go to their place to eat dinner that night. Everyone knew everyone, and there was no reason for us to be afraid of strangers or dangers in the town. There was no one who we children ever feared, but we did keep a distance from certain people. Our greatest fears in town were the result of old wives' tales about ghosts that came out at night. So without any concerns, I started to walk up the hills to eat with my grandparents during the early evening. The long walk was normal, a journey we had all undertaken many times as children living in Janico.

This day was not just another day for us at home; this day was different. After all, my mother was to come from New York with a new dress and dolls for me. This was great news, and I felt, as a child, that I needed to share this information with *everyone that I came across on the street. After all, such news was too much for a child to keep secret. It was not every day that your mother came to see you from such distance.*

*So I went on my journey, and our nana knew that I was going to go to see my grandparents. Like me, she had no concerns about this; nor did my grandparents. After all, everyone in town was related and took care of the children as if they each child was his or her own. Everyone knew my parents in town, and in the event of any type of danger, I knew that someone would come to my rescue. And besides, there was no need for those types of concerns; nothing that was dangerous ever happened there.*

*On that day, this very normal situation became a nightmare. As I went from house to house saying hello, as social butterfly that I was, I would also tell whoever I saw that my mother was going to bring me a special doll and a new dress. Everyone appeared to be very happy to learn that my mother was coming back.*

*The evening was cold from the Christmas tropical breeze that you get in the Dominican Republic or any other tropical place on the planet during the months when winter draws near. Delicious aroma drifted out of people's homes, as the villagers prepared for their Christmas meals.*

*On the way, I stopped and told this man, whose name I shall not mention, the very same story I'd been telling everyone I saw, and he was as happy for me as everyone else. He was so happy to hear that my mother was coming back that he was all smiles. The night was beginning to fall, and suddenly, he* stopped and said, "Barbarita." (Barbarita was the nickname people who knew me personally used.) "Barbarita," he said, "but she already came." He pointed to a little house; the light appeared distant from where we were. He then, with a spirit of firmness and a rush of energy, that even I as a child was able to sense and feel, said that he would take me there.

"My mami is here?" I said. "But where? How do you know?"

He extended his hand and held mine with a very strong grip. The hair on the back of my head stood up. The feeling was not comforting. At this point and time, I have no idea why I obeyed him. As he walked me to the back of the house that he was building, he showed me a latrine hole. He told me that this was where I was to wait and that my family would find me there tomorrow. At first what he had said did not compute in my seven-year-old mind, but then I thought, *This doesn't sound right.*

In a split second, he pronounced those words and grabbed my neck; the collar of my dress ripped. I screamed loudly, but no one heard because I was really screaming inside of my mind. I became silent and lost my voice. Thinking back, I realize this must have happened because I was in shock, but I didn't know it then. This moment was internal, and it became a horror movie that never should have taken place. Nothing came out of my lips, no matter how hard I screamed and how panicked I was. I became hard like a board, remaining conscious at all times but unable to move or run. At that moment, I feared for my life without really knowing that that was the feeling that I was experiencing.

*The man who had grabbed me was not human at this moment to me; he was like an animal that had caught his prey. And this was not just any prey, but a little girl who was fragile and defenseless. I had no idea what he was going to do, but I sensed that it was not something good. I remained stiff like a board as he dragged me into the almost-finished part of the house that he was building for some relatives of ours. I saw this happening to me as if I was out of my body. I saw what was developing from outside myself, as if I was watching a movie or having an out-of-body experience. I could feel my face becoming cold and distorted from the agony and desperation. I simply had no control over what was going on.*

*He then closed the door, which had no lock. It was not really even a door at the time; it was just a piece of wood that was leaning at the opening of the doorway. (As the house was not finished, it was boarded this way so that thieves would not enter.) I remembered during this time that, in Mama Maria's house in the countryside, a dog had tried to grab a chicken and eat it, and the chicken had been able to get away. I saw the man rushing at me as he started to pull down the zipper from his pants, and I became very nervous. I prayed in my head because I was unable to speak.*

*I looked around the room for what seemed to be hours but was just seconds. I saw rocks on the floor of the house that were made from the cement that falls during the construction of a house. These were the leftovers—the excess cement—and the chunks had become like rocks with corners that scratched. I thought that, if I was going to do something to get out of there, this was the time to do whatever I could. All this was happening in my head in a matter of seconds, like a computer trying to solve a problem. I also thought that I needed to mark my attacker in case no one believed me.*

*I made a sudden move, which my attacker never expected, and picked up a rock the size of my hand. I lunged at him, scratching the hell out of his face, and in his surprise, he stumbled backward and fell to the ground. I climbed over his body, stepping on him as I struggled to my feet and grabbed hold of the board blocking the entrance. I then left, running blindly, as if a flash of lightning had just charged me with energy I had never before possessed. Not knowing how fast or how far I ran from the terrible, horrible house to get to my house where Nana was, I made it safely home, although I was terrified.*

*Nana was surprised that I was back without my brother, Sal, who had gone to my grandparents' home earlier than I had, but, as usual, she asked me no questions about my whereabouts or my dress. I went into my room and just lay there, wishing that what had just happened was not true—hoping that it was just one of those nightmares that children have when they are having a delusional fever. This was unreal. This man was going to rape and kill me. He was going to dispose of my body there in the latrine hole.*

*I fell asleep for what appeared like hours. My grandparents came down later and requested to see me. They had no idea what had happened to me, but I would not speak. I appeared to be lost and gone. I was drained from the horrible experience. My sense of trust was gone, and now I trusted no one around me. It was as if the earth under my feet had been taken away from me. I was in a state of shock that kept me still. Although I had not been raped, the event was drastic and traumatizing and would mark me for the rest of my life.*

*My grandfather and grandmother were concerned. They had no idea what I had gone through. I was burning up with fever now due to the stress, and the doctor was called to examine me. He was the town doctor, and his name was Dr. Papo. He came and tried to make me speak, but I was unable to do so. The doctor and my grandparents were there with me until late that night, and Nana was very concerned; I could hear her crying. They noticed that the upper part of my dress was torn, and that was a big concern for Dr. Papo.*

*I could hear the adults speaking from a distance. My grandfather was known by everyone in town, and he did not tolerate anything happening to his grandchildren. Dr. Papo was so sweet, and I was finally able to speak to him, as well as my grandparents, who were present during this moment. My grandfather listened to the conversation very carefully, but before I finished the last sentence, he jumped up from his chair, breaking the mirror in my armoire into a million pieces with his backside, and stormed out of the house. He was outraged and on a mission to find this bastard of a man who had tried to hurt me.*

*After that, my grandfather did not return until late that afternoon. I could overhear the adults speaking. This man had no morals when my grandfather and some officers from the town confronted him. He stated that he was just playing with* me. My grandfather told my grandmother not to worry, that the man was never going to bother me or any another child from Janico again.

My grandmother screamed and said, "What have you all done?" She knew that he had made this man disappear from town.

What he did was not known to anyone, but there were different rumors in town. Some claimed that the police had helped my grandfather kill the man. Others suggested that the police had beaten him and told him never to enter Janico again. I am not clear as to what the real version of this story was. I was just a child. Maybe if my parents had been there, the incident might not have happened.

All this, and my mother was unable to make it to Janico due to a snowstorm in New York that Christmas. However, she was able to come for January 6, Kings' Day, which is another Christmas celebration for the Dominican children. This holiday was like Christmas all over again.

My mother would not learn about what happened until many years later. I was told not to say anything—that she would be very sad, as what had just happened was a very shameful thing. As a child who always wanted to please my parents, I certainly didn't want my mother to feel ashamed of me; I held back and said nothing until I was fifteen years old, when I found the courage to speak up.

When I finally spoke up, my mother and I bonded like never before and cried together. I told my father about my attacker thirty-five years ago, but my father remains in denial, refusing to believe that this horrible event took place. Maybe he feels guilty for not being there for me, or perhaps he simply does not believe that this really happened.

My mother never left us from that Kings' Day on. She was in town until our immigration papers and visas were obtained, as if she knew subconsciously that we needed to be protected now more than ever. Days came and went, and my mother missed my father. But she often said, "I am not leaving without my children." She complied with that.

# Chapter 8

## Coming to North America

*T*he immigration papers came on a Sabbath day around noon. I remember telling my mother, "Those are the papers that you have been waiting for."

She looked and turned as she opened them. "We are going home!" she screamed. "We are going home!"

It took a couple of days to get the necessary paperwork done, but it was completed, and we entered the United States in 1970.

This day was like a judgment day. We children were happy to be with our parents, but at the same time, we were sad that our loved ones, like Nana Rosa and our grandparents, were staying behind. Our friends never had the chance to say good-bye. We never knew what hit us. We were in Janico one day, and before we knew it, we were at the airport saying good-bye to Grandpa and Grandma. I could see them from a distance as they cried and waved their last good-byes. It seemed like everything happened in slow motion.

Is this really happening? I asked myself over and over. I don't remember entering the plane or what color the seats were. I *don't remember the food on the plane or in what order we were seated. I can only imagine that my mother must've carried my sister, Marisol, because she was the baby in the family. I guess I must've been caring for my other siblings on the plane as we landed.*

*However, to this day, I remember the clothing that I was wearing. I had on a gray jumper type of dress and a red undershirt, which I hated very much because I hate red.*

*The atmosphere of the airport in the Dominican Republic was different from the one in the United States. I was confused as to where we were as we entered the checkpoint area in the airport in the United States. Everything was clean and beautiful.*

*Oh my God! My father was on the other side. I could see him. He was so handsome and happy. We were downstairs, and people were looking down on us from an enormous glass upstairs. That was where I saw my father. He met us on the other side of a big door that opened, and it looked like Disneyland to me at the time. Everything was new. It was overwhelming to see people from all walks of life. I had never seen so many people in my life. The space was a large one, but I was no longer afraid. The fear was gone, and hope was now very much alive. Although I was sad for the rest of the people who were left behind, I was happy to start a new life in a beautiful place with my whole family.*

*My grandfather, Rudolph Luna, passed away a couple of months after we left. They say he suffered the absence of his only grandchildren and died of a broken heart. My grandmother was able to enter the States and enjoyed spending time with us as one big family.*

*The lonely days without our parents were now gone, and a new life filled with incredible expectation was about to start. We were in North America, the land of the free and the home of the brave.*

# Some Final Thoughts

*I*t took time for everything to fall into place after we left the Dominican Republic.

The chances that our parents took were monumental. As I am writing this book, I can tell you that I know that I would not be able to make this type of sacrifice with my own children. But then, I am not in my parents' shoes. One cannot judge the decisions of others, especially when the decisions of others have opened wonderful opportunities for those whom their decisions affected.

However, you must weigh the pros and the cons in order to determine whether the decisions you make are the right thing to do for you and your loved ones.

There is no right or wrong when it comes to these types of situations; there are only "different outcomes" for you and your loved ones. Time is the best cure for every ailment, and it is the best judge. I was forty-nine years old when I started to write this simple book. I pondered deep inside myself why I would want to do this—why I would want to bring all this to light.

The truth is that I would have liked to have found a book that expressed the feeling of anger that I still have at times over everything that happened as a result of my parents leaving us in the Dominican Republic. But I was unable to find one. I guess

*I was looking for something that I could only find within myself. I needed to find closure and peace. With this book, I was able to find these things and cure my inner child (that little girl who needed to be heard), so that she had no more concerns or fear. I just needed to let myself know that my memories happened and the experience of being left behind is now over. I needed to assure myself that is okay to remember and also to give those memories a resting place in my heart.*

*Life is what you make it to be. If you expect to be given things without working for them, you will never grow or be prosperous. Life is a beautiful thing and a gift from God. Use it wisely, for when it is gone, it is gone forever and one can ever get it back. However, I had to learn that one must respect the decisions that others make to better the quality of life for their families and children.*

*These types of decisions are not for everyone. Things can go wrong very quickly, and you can lose control of the outcome of your plans; you can be left improvising without realizing what has gone wrong. Parents should have a sign that reads, "BEWARE OF ALL THE LITTLE DETAILS LURKING WHEN YOU LEAVE YOUR LITTLE ONES BEHIND—ALL THE EMERGENCIES YOU WILL NOT BE TOLD ABOUT AND ALL THE TROUBLES YOU WILL NEVER HEAR ABOUT." You should have a plan A and a plan B and, if possible, plans that will span the whole alphabet until your resources leave you with no more options.*

*I believe strongly that the outcomes of mine and my siblings' lives would have been totally different if my parents would not have made the decision to bring us to the United States when* they did. I thank them for the sacrifices they made and have learned to respect the decisions they made over the years.

By writing this book, I have found myself and hope that others can learn to make the right decisions for their families. Please remember that what works for some people might not necessarily work for others. The decision to leave one's children behind when seeking a better life in another country is a very personal mission and one that might not work for everyone else; it is a very personal type of mission!

*Special thanks to my brother Mr. Saulio Martin Luna and his wife Mrs. Vanessa Martinez De Luna for compiling all the wonderful pictures of our childhood.*

My grandfather' dog Rintintin and my grandfather from my father side Rodolfo Luna

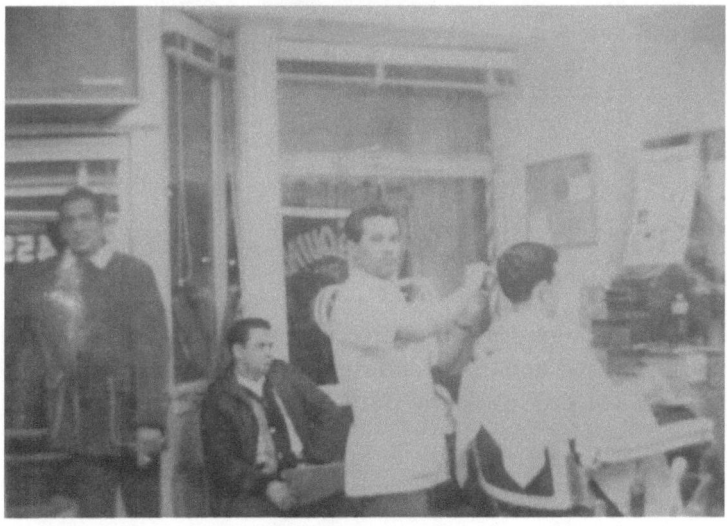

My father Mr. Saulio Luna at his job at the barber shop in New York after he arrived.

To the left side Mrs. Francis Luna (my mother) middle Mr. Saulio Luna (my father) and to the end right side Ms. Mariana Hernandez (my cousin) inside the statue of Liberty in New York.

Arriving to the USA at the airport, to the left side Marisol (baby sister) and Francis Luna (mother), Barbara, Saulio and Jimmy at a distance.

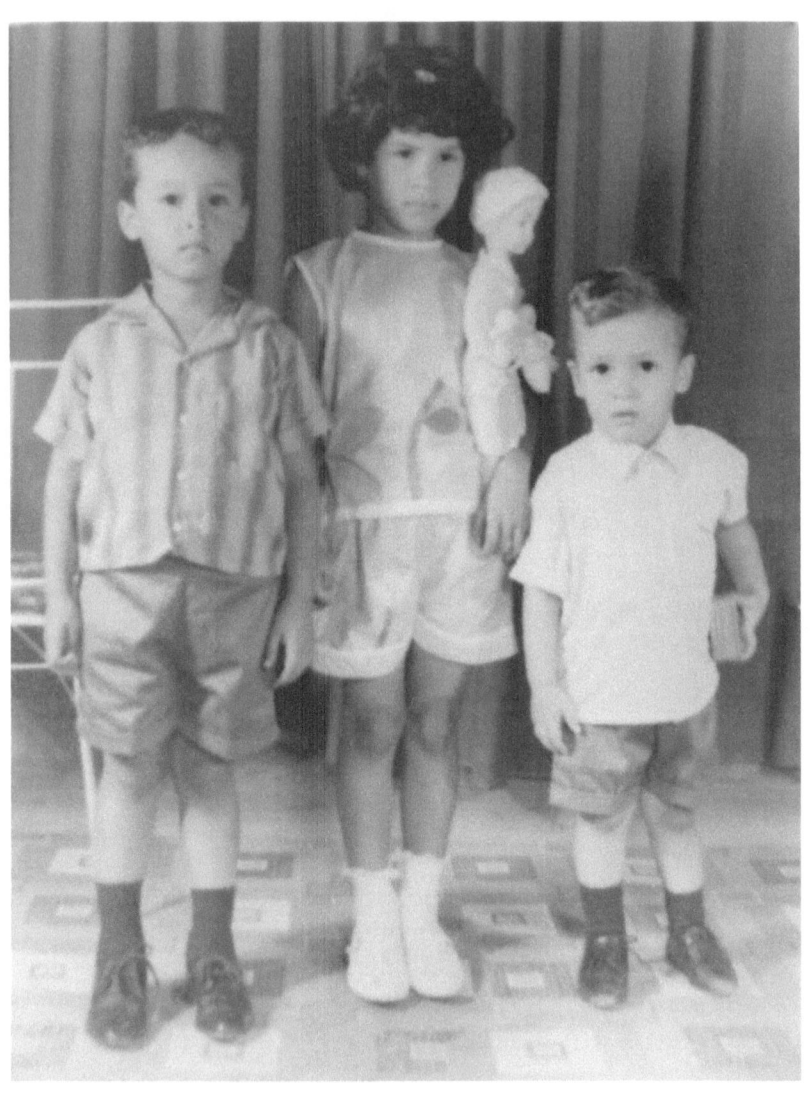

Saulio, Barbara and Jimmy

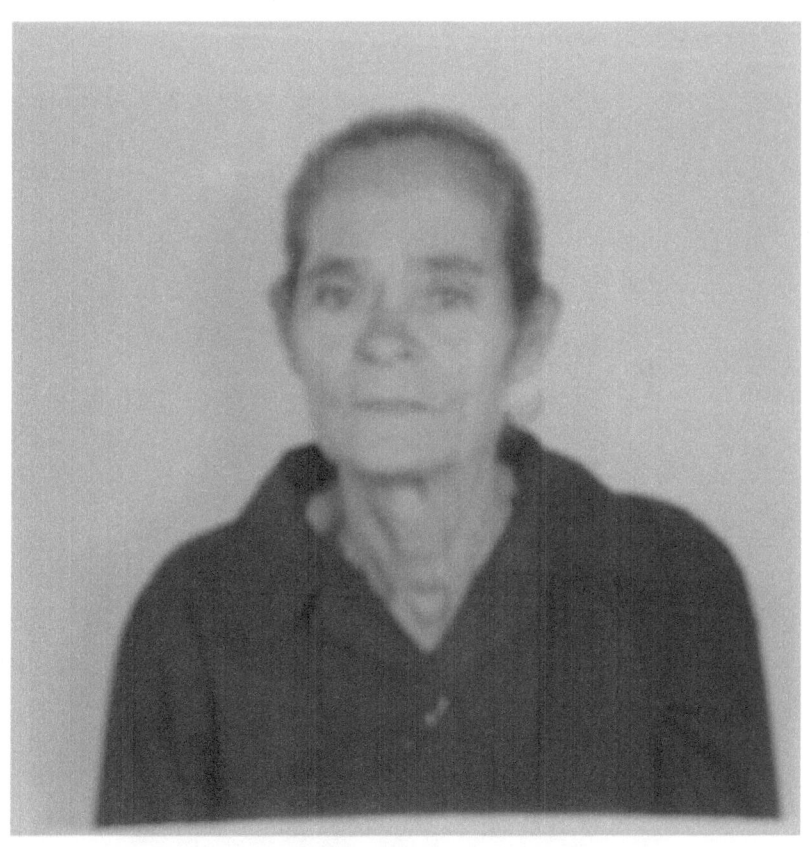

Mrs. Encarnacion Almonte (my mother's mother)

My father Mr. Saulio Luna and his boss

Left side Barbara, nana Rosa, Marisol, Jimmy and Saulio

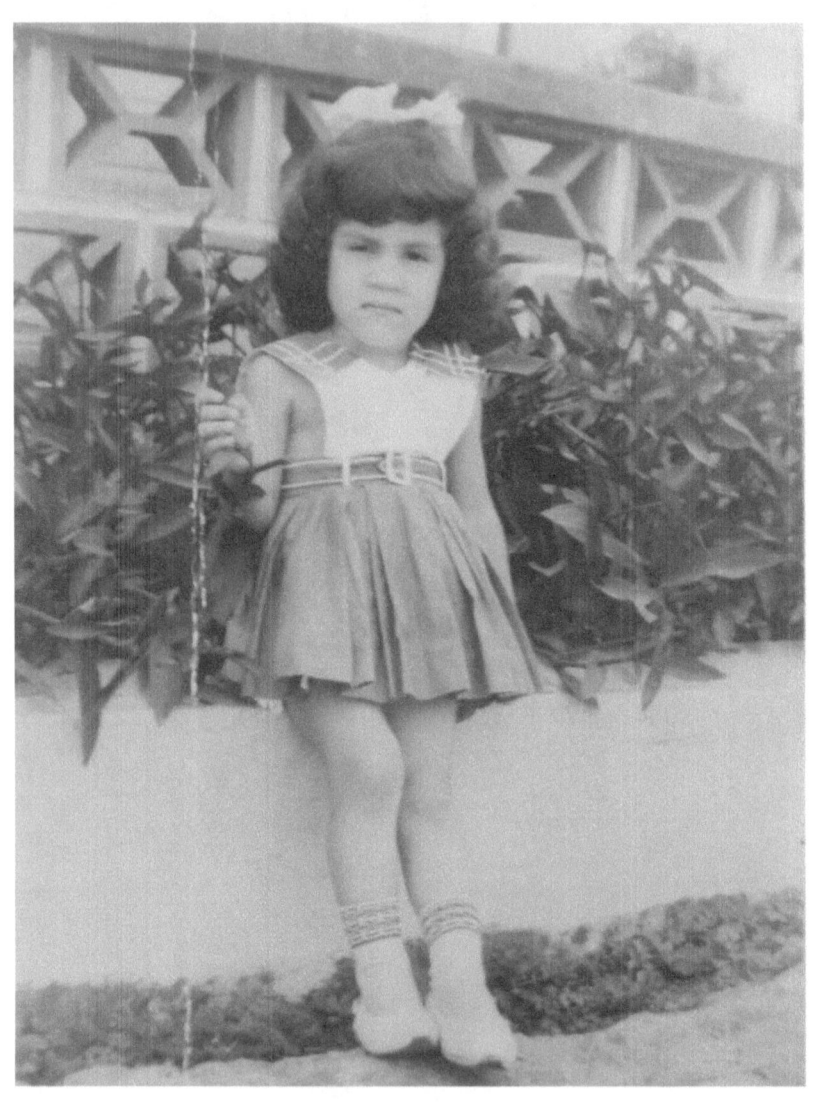

Barbara

My mother Francis Luna and Barbara As a baby

My father playing baseball in Janico with his friends.

Barbara

Left side Barbara, Francis holding Jimmy and Saulio

Amantina and Rodolfo Luna (My grandparents on
my father side)

Baby Barbara

Saulio and Barbara

On left side Jimmy, Saulio, Mr. Rodolfo, Nana Rosa,
Marisol and Barbara.

Baby Saulio

Saulio

Left side Saulio and Barbara

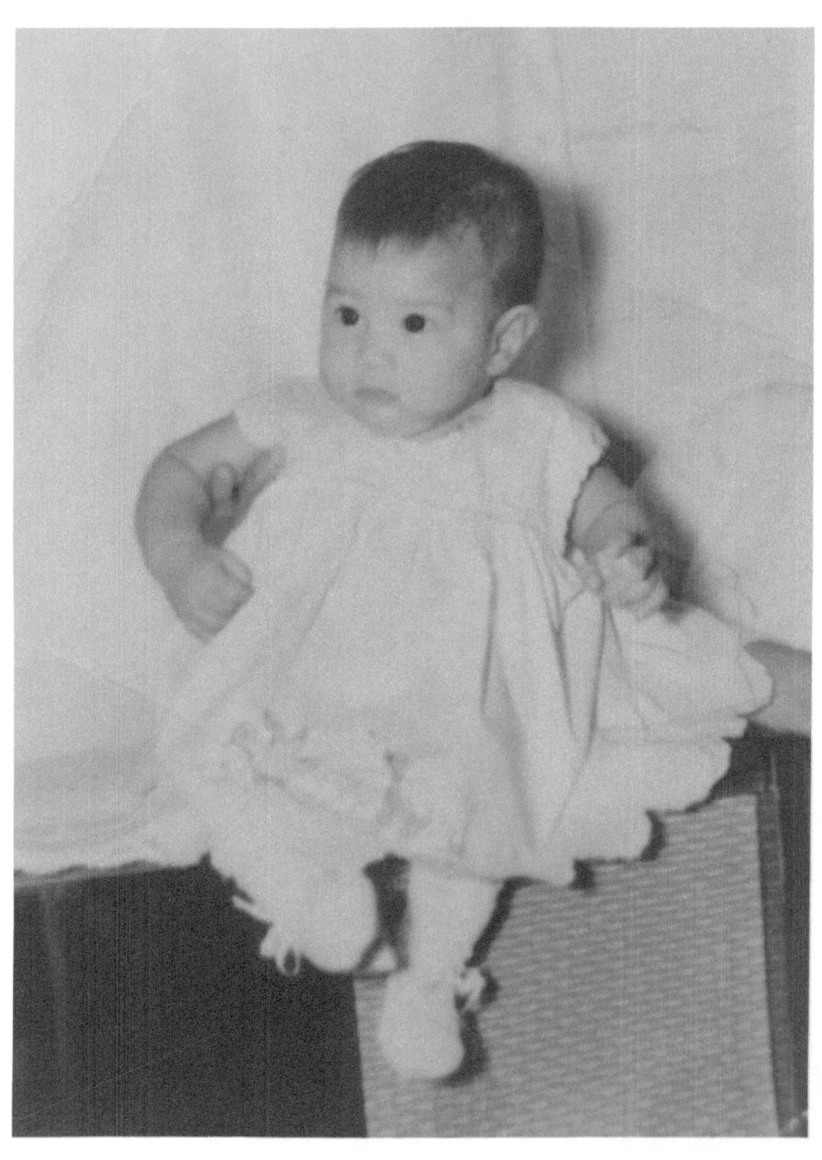

Baby Marisol

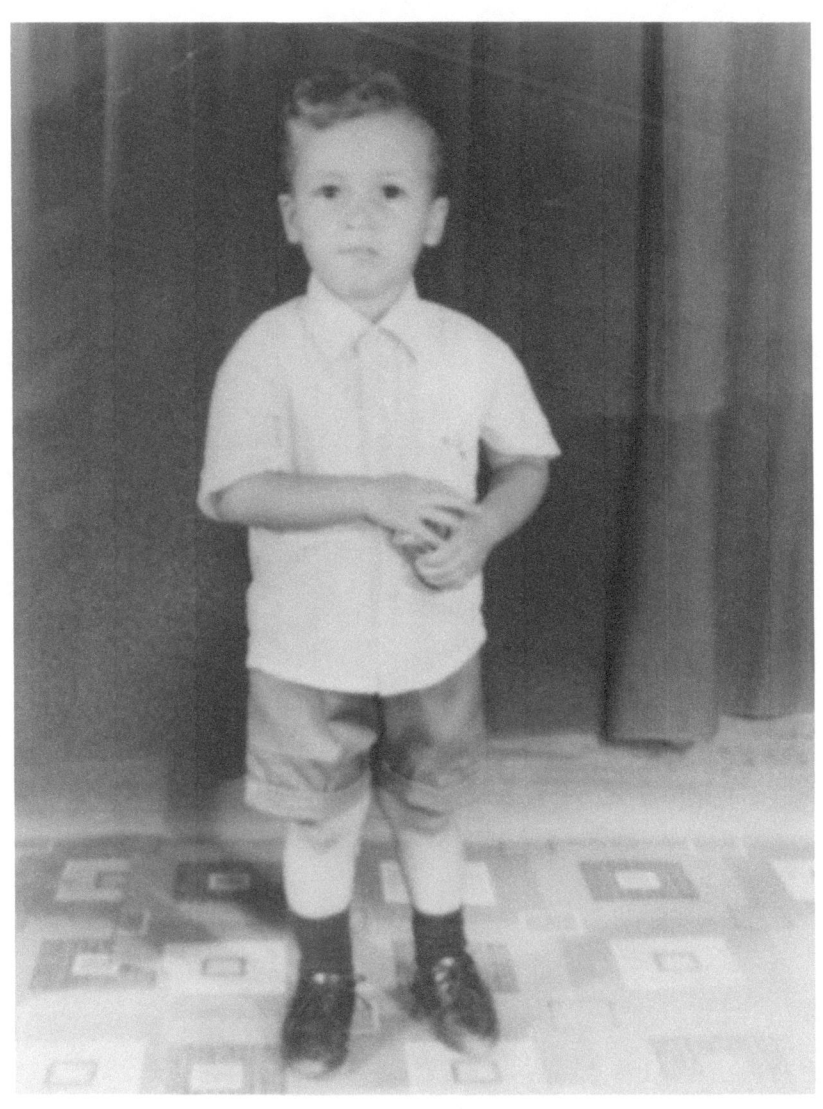

Jimmy

Mrs. Francis Luna at age 15.

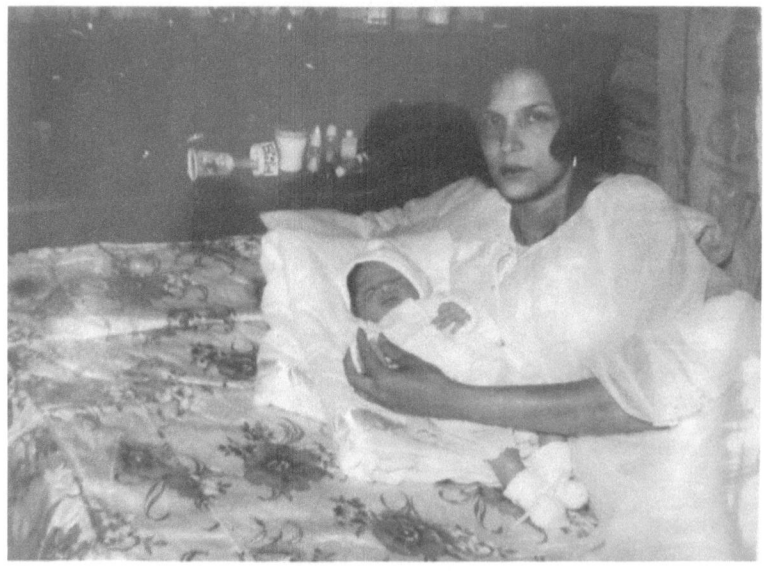

Left side baby Marisol was just born and Mrs.Francis Luna

Amalia Almonte (beloved aunt, from by mother side)

Mr. Rodolfo Luna and Saulio.

My beloved uncle Mr. Braulio Luna.

CUANDO LOS HIJOS DE INMIGRANTES
SON DEJADOS ATRÁS

# CUANDO LOS HIJOS DE INMIGRANTES SON DEJADOS ATRÁS

## MI HISTORIA DEBE SER CONTADA

**AUTOR:** Bárbara Deotisis Luna de Acosta, BS en

psicología

**Traducción:** Yudilennis Caneda

**Corregida por:** Artemia Acosta

*Este libro está dedicado a las siguientes personas, quienes han tocado mi vida de manera que nadie podrá jamás imaginar:*

*A mi esposo, Joseph Agustín Acosta. A mi hija Lunnarie Barlycis. A mi hijo Tin Nathan Acosta y mi amado Tim Newton Acosta. Así también a mis hermanos: Saulio Martin Luna Jr., Jimmy Arístides Luna y África Marisol Luna . . . mi hermanita pequeña. A mis padres: Saulio Francisco Luna y Francis Almonte de Luna, quienes hicieron hasta el último sacrificio para mejorar nuestro futuro. A mis abuelos que tanto quise: Rodolfo Pichardo Luna y Amantina Collado de Luna. A Juan María Almonte Encarnación Fernández Gómez de Almonte y a Mamá Rosa, mi nana.*

# CONTENTS

# Introducción

C uando *Los Hijos de Inmigrantes son Dejados Atrás Mi Historia Debe Ser Contada.*

*Yo soy dominicana de nacimiento y mi historia debe ser contada para que padres de todas partes del mundo sepan de las posibilidades que existen de que eventos dramáticos pueden transcurrir en las vidas de los hijos que dejan atrás. El hecho de que dejan a sus hijos desprotegidos esperando que otros cuiden de ellos tan bien como si fueran ellos mismos es solo una historia que se cuentan a sí mismos para tratar de calmar sus conciencias. Nadie puede proteger ni cuidar a un niño como lo harían sus padres.*

*El enlace y amor cuya responsabilidad es solo de los padres, es de pronto entregada a un familiar distante, o lo que es peor, a un extraño, quienes uno nunca sabe de lo que son capaces de hacer, cuya frustración y enojo pueden ser feroces al no poder tomar un descanso o relevo del cuido que se le ha encargado.*

*Talvés pudo haber sido que ningún padre de ese tiempo pensó en las cosas terribles que pudieran pasar si a las personas con quienes nos dejaron les hubiera ocurrido algo, como por ejemplo, una enfermedad repentina. ¿Qué tal si no hubiese nadie al rededor por muchas millas, y el encargado o el niño enferma pero no hay transporte y la asistencia requerida para salvar la vida del encargado o la del niño no llegase a tiempo? ¿Qué pasaría con el niño, especialmente si es muy pequeño y no puede expresar lo que siente, mucho menos lo que necesita? Estas son solo algunas de las tantas preguntas que me hago hoy. Nuestros padres no tenían idea de la magnitud de los problemas que nos asechaban al dejarnos atrás.*

*Ellos nunca pensaron en un plan que pudieran emplear en caso de una emergencia, y me atrevo a referirme a estos temas tan delicados porque aparte de vivir la experiencia en carne propia, ellos admitieron que simplemente "esperaban lo mejor"; nunca pensaron en las cosas que podían pasar en su ausencia. Sin embargo ellos confiesan que nunca estuvieron tranquilos con el cuidado ni el supuesto progreso que transcurría con nosotros en casa.*

*Nos dejaron atrás y esto era un hecho que no lográbamos asimilar.*

*En la vida de un niño en los años '60, el hecho de que tus padres te dejaran en un lugar remoto sin poder siquiera conversar por teléfono, era realmente aterrador. En aquella época hubiese costado una fortuna poder tener un teléfono en casa, de manera que solo estábamos a merced del correo postal o los recados verbales de personas que viajaban y contaban los mensajes que nos enviaban.*

*De más está decir que no había ningún tipo de garantía de que cuando la reunión de los padres con los hijos por fin se realizara, los encargados habrían hecho su trabajo y los hijos estarían en buen estado físico, mental, o espiritual.*

*Así es que si tú piensas dejar tus niños atrás este libro no es una opción, es una necesidad leerlo.*

*Este libro no está escrito por una segunda persona, no hay nadie más para que cuente mi historia . . . soy yo, el alma de una mujer de cincuentas años, que clama por los niños que son dejados, los cuales no tienen voz ni voto de las decisiones de sus padres, y quienes deben saber de los verdaderos peligros que sus pequeños corren cuando ¡son dejados atrás!*

# Capítulo 1

## *Migración en los 1960s*

*D*urante los años de 1960, había una gran cantidad de personas migrando a los Estados Unidos por razones financieras y otros motivos que tomarían demasiado tiempo para contarles. La situación financiera durante ese tiempo para mis padres en la República Dominicana no era la mejor. Según mis padres, aunque el país no estaba en aprietos económicos, para ellos personalmente no era tan halagüeña la situación económica. Vivíamos en un cuarto rentado, sin espacio para mis dos hermanitos y yo (mi hermanita Marisol nacería más tarde).

Mi padre era barbero, músico, y de todo un poco. Pues verás, aunque solo tenía una educación de octavo grado, su inteligencia era bien amplia en cuanto se hablaba de trabajar y proveer para la familia. Era muy bueno en matemáticas y en otras materias del colegio. Sin embargo nunca persiguió una educación superior.

Sus mayores cualidades de sobrevivencia las aprendió solo o en la calle. Como persona siempre tuvo un gran sentido de la orientación, nadie podía ganarle en la educación callejera.

*Así se ganaba la vida trabajando fuerte y pagaba el pequeño cuarto donde vivíamos. Fueron esas cualidades las que trajeron a mi madre a su vida. Mi madre se enamoró locamente de su entusiasmo por hacer las cosas y lograr que cada cosa se diera; jamás tuvo miedo a nada, ni al diablo como el mismo nos decía. Se enfrentaba a la vida como un "tigre".*

*Mis padres estaban muy enamorados y fueron muy felices por un largo tiempo. Siempre fueron la envidia del pueblo. Las mujeres siempre estaban detrás de mi padre y esto fue la maldición de nuestro hogar y lo que le acarreó serios problemas. Mi madre parecía una estrella de cine, con su talla tres de traje; aunque no lo sabía, ella era muy parecida a las artistas de Hollywood en esos tiempos. Mi madre tenía una baja autoestima que no la dejaba ver cuán bella e inteligente era, ni la dejaba ver todo lo que ella podía ofrecer.*

*Ella no tenía idea de lo que era la maldad en el pequeño pueblo donde vivíamos. Por otra parte tampoco sabía todo lo que aquel pequeño pueblo le ofrecía. Era alguien que venía del lado campestre, o como se le dice "del monte", con una gran inocencia e ingenuidad. Solo sabía que de donde venía, todos se ayudaban y la palabra era mejor que el dinero. ¡Creían que en el pueblo donde ahora vivían sería igual!*

*Mi madre era muy ingenua y confiaba en todos. Ella no era capaz de ver más allá. Pero la mente torcida de cierto grupo quienes la rodeaban, sí que habían vivido mucho y conocían más mundo de lo que ella jamás hubiese imaginado y tenían otros planes con ella. Su peor error fue creer que todos estaban para ayudarle y que las personas era incapaces de hacer daño alguno.*

*Muy al contrario de mi madre, era mi padre, un don Juan empedernido. Tenía otra visión del mundo.*

*En aquel tiempo la regla en la República Dominicana era la siguiente: Si eras una mujer seria y de tu casa, te quedabas en el hogar criando los hijos y cuidando la casa. Mientras tanto, el hombre de la casa podía salir y divertirse, y de vez en cuando embullarse con cualquier mujer infiel que encontrara en la calle. Esta práctica era aceptable en las generaciones de mis abuelos y también en la de mi madre.*

*Mi madre sufría tanto, pero nunca dejó que ninguna mujer callejera se diera gusto al verla demostrando su sufrimiento. De niña jamás recuerdo verla en ningún tipo de turbulencia emocional. Siempre aparentó ser feliz, una mujer calmada, serena y humilde.*

*En esos tiempos, las esposas en particular vivían en mundo de apariencias donde todo siempre parecía marchar bien. Sonrisas fingidas y atenciones especiales para todos en su camino incluyendo su infiel esposo. El medio ambiente social estaba tan saturado de machismo que jamás había tiempo para expresar las necesidades emocionales de nadie. Así que, las mujeres teníamos que soportar lo que viniera solo porque sí. No había espacio para quejarse o hablar con el esposo porque ellos no sabían lo que era la comunicación verbal en esos tiempos. Un punto interesante del machismo era el siguiente: ¡Dios libre que papi nos tomara en sus brazos y fuéramos a ensuciar su ropa o algo semejante! debíamos permanecer limpios y él* jamás ayudaba con los quehaceres de la casa. No porque fuera un hombre malo, sino que eso eran cosas de mujeres y niñeras pero no de los hombres. Si otro hombre lo veía involucrado en estas actividades, corría el riesgo de ser llamado "maricón o mariquita," o debilucho. El cuidado de los niños era cosa exclusiva de las mujeres y las nanas. No había participación de los hombres en la vida de los niños hasta cierto punto.

Mi madre se conformó precisamente a las reglas del maldito machismo. Estaba siempre en casa con nosotros. Aunque presentía lo que ocurría con su matrimonio nunca dijo nada. Era incapaz de exigir o hacer ninguna clase de escándalo a pesar de lo que sucedía con su matrimonio. Ella no tenía ningún tipo de evidencias para sospechar, pero los crueles rumores del pueblo de Jánico, la mataban lentamente.

Con una educación de tan solo el tercer grado en la escuela elemental, mi madre nunca había trabajado y tenía mucho miedo. Si se separaba de mi papi en ese tiempo, ella iba a tener que mantener a los tres niños. Ella tenía el talento de coser, pero no creía que eso era importante, ya que nunca había trabajado y le era muy difícil salir fuera para hacerlo. Mi padre con todos sus defectos nunca quiso que ella fuera a trabajar fuera del hogar. Aunque hacía mucho para ayudar, ella se sentía y se veía a sí misma como alguien sin valor para con sus hijos, alguien que no podía mantenerles sola y sufrió en silencio todo lo que pudo aguantar. A Pesar de que en esa época no se necesitaba mucho para mantener una familia, conseguir lo poco que hacía falta era difícil sobretodo para ella que no podía salir de casa con tres niños pequeños. Así que el trabajo clandestino nunca fue Possible, dado a sus tres niños de los cuales tenía que cuidar día y noche sin descansar y sin ayuda de nadie, era muchas veces demasiado para ella.

Un día, sin razón alguna, uno de los brazos de mami comenzó a adelgazar, y ella notó que estaba enfermándose. Recuerdo desgraciadamente como familiares de la amante de mi padre se burlaba de mami, le gritaba insultos como "tuberculosa". Las personas que no conocían a mi madre, al escuchar esto se alejaban de ella repentinamente y cruzaban la calle para estar lejos de ella. El dolor en su brazo era intolerable, adelgazó tanto que ni los doctores sabían qué hacer con ella, pero tampoco lograban descifrar la causa del mal. Alguien le dijo a mami un día que era una especie de conjuro maléfico para que papi ya no la viera como su esposa, y que esto era causado por envidia.

Así que la obligaron a entrar a un centro de brujería y espiritismo para poder sanarla. Los espiritistas confirmaron que era un hechizo, y dijeron que tenían que hacer un ritual para librarla de aquel mal. Mi madre no creía en esas cosas, quería salir huyendo de aquel lugar oscuro donde la llevaron; pero la persona que la llevó allá insistió en que esto era necesario. Aparentemente funcionó, y el brazo de mami volvió a la normalidad poco tiempo después de la visita con el médico brujo. Estaba contenta, y muchas cosas comenzaron a marchar bien después de eso. El matrimonio funcionaba otra vez, la actitud de mi padre cambio por completo y todo parecía positivo una vez más. Estaban felices y con un poco de dinero extra. Ellos dicen que comían como reyes por tan solo 25centavos de peso dominicano en ese tiempo. Sin embargo ni aun así, había ningún progreso económico.

Un día, mami obtuvo pruebas acerca de los amoríos de mi padre, confirmó cosas acerca de la mujerzuela que se acostaba con mi padre. Mi madre estaba lista para dejar a mi padre, y decidida a regresar al monte de donde vino ella. Ya sí que no le importaba nada. Cuando por fin se enfrentó a la situación, lo cual nunca había hecho sin pensar en su falta de preparación o trabajo ni de qué manera mantendría a sus tres hijos pequeños en ese tiempo. Ella estaba determinada a dejarlo y comenzar de nuevo. Confrontó a mi padre y le advirtió muy severamente al respecto de la situación. A lo que mi padre respondió que cambiaría con seriedad y disposición. Sin embargo, el compromiso más serio que papi hizo con mami fue el de sacarla de Jánico, el cual se conocía en aquella época como un "pueblo chico, infierno grande". Así se le solía llamar porque sus habitantes solo pasaban los días chismeando y en el peor de los casos fornicando y adulterado; claro que esto era una gran broma para muchos de los que vivían allí. Ambos se prometieron empezar de cero, en un lugar donde todos eran iguales y donde pudieran renovar la confianza entre ellos y pudieran reconstruir sus vidas y nuestra familia, en la gran manzana llamada:¡ Nueva York!

No le tomó mucho tiempo a papi conseguir una visa, y dentro de muy poco entró a los Estados Unidos. Solo llevaba $50.00 (cincuenta dólares) en su bolsillo.

Pudo quedarse un par de días con unos familiares, lo cual agradeció grandemente. Luego obtuvo su propio cuarto en la calle La Fayette y DeLancy en la parte baja de la ciudad. Allá era donde todos los dominicanos se mudaban cuando recién migraban y buscaban independizarse. Mi padre siempre estuvo muy agradecido de todos sus familiares y de todos los Janiqueros que jamás le abandonaron hasta que pudo mantenerse por sí solo. Mi padre recuerda de manera especial a la comadre Terma y a su esposo Andrés quienes le apoyaron. Sin su colaboración las cosas talvés no hubieran sido igual.

Mi padre ahora era barbero, y podía juntar dinero aquí y allá. Comenzó a trabajar en base a la visa de mi madre como lo prometió.

No era muy fácil ahorrar dinero con el salario de un barbero en esa época. Pero él como siempre era muy inteligente se sacrificó para poder ahorrar dinero. El comía sopas de 25 centavos; lo cual para él era terriblemente malo porque de vuelta en casa toda la familia comía con 25 centavos. Pero, mi padre no sabía ni hervir agua, así que no sabía por dónde comenzar para poder cocinar.

# Capítulo 2

## Un Plan Con un Desvío

Sus planes continuaban, pero con un desvío. Mi madre vendría a los Estados Unidos, pero solo para ayudar a papi a trabajar. Ambos querían ahorrar dinero para comprar una casa en nuestro país y tener algo que fuera de ellos. Pensaban que si hacían esto, ellos tendrían un estilo de vida mucho más elevado.

Mi padre pensaba que si veníamos a Nueva York, nos perderíamos en la droga y el sexo antes de tiempo, y que cosas terribles pasarían. Trabajar para ahorrar dinero y comprar una casa en nuestro país no parecía una tarea difícil para ellos en esa época.

Nosotros no teníamos idea de sus planes, ellos creían que los niños no tenían por qué saber los planes de los adultos. Su dicho era: "los niños hablan cuando las gallinas mean". Claro que las gallinas jamás orinan, porque defecan y orinan al mismo tiempo, así que los niños no tenían derecho a hablar jamás. Los niños en ese tiempo no eran importantes para las decisiones de los adultos. La opinión de un niño, ni era importante ni era parte de la crianza en esa época. Tus *padres pensaban por ti, hablaban por ti, y simplemente no había derecho para ningún niño.*

*Pasaron varios meses y papi con mucho esfuerzo pudo traer a mami a los Estados Unidos para juntos trabajar en la meta que se habían trazado. Trabajaban muy duro, y aunque pudieron ahorrar algo de dinero, realmente no era suficiente ni para ellos dos. Tan pronto como pudieron ahorrar un poco, compraron una casa pequeña en Jánico ¡valla que error! Estaban contentos con su pequeño logro. También compraron otros artículos importantes como un refrigerador y un televisor; entre otras cosas que nadie más tenía en el pueblo ni tampoco habían visto ¡Claro, estamos hablando de los '60! Estuvieron contentos por un corto tiempo, y luego la inconformidad le atacó. ¿Esto es todo? ¿Nos quedaremos aquí sin alcanzar ningún otro sueño para nosotros y para nuestros hijos? Ellos pensaban que si seguían haciendo lo que habían hecho hasta entonces, si papi solo ahorraba dinero, estarían bien. Pero de ser así, pasarían sus vidas enteras viviendo en países separados. Mi padre en Estados Unidos y Mami en la República Dominicana con nosotros. Seguramente que Mami tendría todo lo que querría ¿pero por cuánto tiempo antes de que comenzaran a distanciarse el uno del otro? Con las finanzas como meta principal, ambos estaban de acuerdo en que no era una buena idea separarse. Decidieron que era mejor unir sus fuerzas y trabajar en Estados Unidos muy duro, para traernos a vivir a Norteamérica. Mientras más pasaba el tiempo, más sentían que ya no podían vivir en Jánico. Necesitaban irse, y su meta se convirtió en su misión. De repente comenzaron a cambiar de opinión . . . Ahora trabajarían para traernos a todos hacia los Estados Unidos para ser una familia completa y felíz.*

# Capítulo 3

## Extrañando a Mis Padres

*A*l otro día busqué a mis padres desesperadamente sin ninguna suerte de encontrarlos. Nadie decía nada acerca de su despedida, era como si nada había pasado y la vida seguía normal. Días pasaban y el mismo resultado. Pensé por momento que tal vez estaban cerca y regresarían pronto, Pero no fue así.

Mis hermanos no tenían noción del tiempo, menos de lo que ocurría ¡pienso yo! Ellos nunca hablaban acerca del asunto; aunque eran demasiado pequeños para expresar sus sentimientos verbalmente. ¿Estarán conscientes de lo que sucedía o no? ¿Será que solo a mi me hacían tanta falta, será que solo yo les recordaba tanto? Mis pensamientos al respecto por años, eran los de un niño abandonado, dejado atrás; casi como un síndrome o un defecto. ¿Era hija de alguien, o estaba solita en este mundo tan grande? ¡Por Dios, el mundo era tan grande ante mis pequeños ojos! Entonces, un día me acosté en la tierra y mire hacia arriba para hablar con Dios, ya que nadie parecía escucharme ni importarle. Recuerdo que hacia tanto calor ese día que me desmayé por un par de segundos, *y permanecí sobre la tierra caliente desfalleciendo por poco tiempo sin que nadie viniera ni se diera cuenta.*

*Nuestra nana Mamá Rosa nunca pudo llenar el vacío que permaneció en mi corazón; sentía un vacio tan profundo, como un abismo sin fondo. Los recuerdos seguían ahí, y a veces los odiaba por dejarnos con aquella nana desconocida y anciana; anciana e indiferente. Por tiempo me daba mucha pena verla porque ella trataba de ser fuerte, incluso a veces era placentera; pero era tan anciana y no era mi Mami. ¡Yo necesitaba tanto a Mami! para abrazarla y conversar con ella; para amarla y hacer cosas que niñas hacen con su mami, como cortar flores de un pequeño y viejo jardín de rosas que teníamos en el lado de nuestra casa. Sin embargo, Mami solo necesitaba a Papá, o por lo menos así siempre me sentí.*

*A veces lloraba hasta que el cansancio me vencía y me quedaba dormida; me dormía esperando, deseando que cuando despertara ella estuviera ahí. Noche tras noche, el mismo deseo, la misma desesperanza de volver a ver a Mami o a Papi.*

*Según pasaron los años mi pequeña mente jugaba con mi memoria. ¿Acerca de Papi? Bueno, Ya comenzaba a olvidarlo, su rasgos faciales al menos. Era como un recuerdo perdido en mi memoria, una vaga noción de lo que era mi Papi. Solo recordaba que era un "hombre", y a Mami ni hablar, la recordaba, pero muy vagamente.*

*Nos dejaron solos, sin protección alguna de pedófilos, ladrones, entre otros predadores. Éramos tres niños desprotegidos, que aparte de aquella ancianita que necesitaba ayuda también; no había más nadie que pudiera brindarnos* protección. Ella era demasiado confiada, según ella los niños jamás corrían peligro. No tenía idea de lo que hacíamos ni donde estábamos durante todo el día. Así que pasábamos los días jugando de patio en patio, a veces en casas de personas cuyas mentes estaban retorcidas y enfermas y habían creado ideas asquerosas; pero no lo sabíamos entonces. Nos metíamos sin saber, en casas de personas cuyos corazones no eran puros, cuyos caracteres no eran de buena fe; Pero eran peligrosos y ciertamente asechaban a los niños que les rodeaban. ¡Quién lo iba a decir en esa época!¡ quién hubiera podido detectar el peligro que se escondía tras hombres mayores que parecían decentes y respetables solo porque eran mayores y tenían esposa e hijos! así que todos confiaban en ellos. Bueno, pues les tengo malas noticias, no todo el que está viejo y casado está exento de maldad; y no se debe confiar en todos como tal. Hay cierto asqueroso tipo de personas en las que al confiar en ellos un niño pude ser dañado de por vida; porque sus mentes han ido tan lejos que han planificado incluso como instar a los niños que le rodean para acabar con su inocencia salvajemente. Son precisamente los niños que han sido dejados atrás, las víctimas perfectas para este tipo de crímenes. En esa época ¿quién le iba a creer a un niño? sobre todo si al otro lado de la acusación estaba un respetable señor mayor felizmente casado. ¡Cuánta maldad! ¡Los niños no estaban ni están a salvos... aun hoy este tipo de crímenes abunda!

# Capítulo 4

## El Día Que Empezó Mi Ceguera

Pasábamos días enteros sin comer y jugando con toda clase de niños y jovencitos del pueblo. La mayor parte del tiempo los muchachos nos cuidabamos entre nos; los jovencitos cuidaban de los más pequeños con respeto. Recuerdo a Chicho y a Sime, eran mucho mayor que nosotros, pero eran buenos de corazón y protegían a niños como nosotros. Eran como los hermanos mayores que nunca tuvimos. Nos construían juguetes de basura que se encontraban como madera y rueditas pequeñas. Se dice que hace falta todo un pueblo para criar un niño, bueno en esa época esto era muy cierto. Ellos en verdad se encargaban de los niños del pueblo. Recuerdo que mi día favorito de la semana era el viernes, mi amiga y yo solíamos a colectar los dientes que se botaban de la oficina del dentista del lado de nuestra casa. Los dientes pertenecían a las personas del pueblo, también de los que venían desde lejos; solían sacarle los dientes por alguna pequeñez, una infección o solo porque querían implantarse un diente de oro. Yo tenía más dientes que mi amiguita y los cambiábamos con otros niños por caramelos y otras cositas pequeñas.

*Con el correr de los años, más y más padres comenzaron a dejar a sus hijos por buscar suerte y fortuna. Nuestros padres de alguna manera se habían convertido en un ejemplo a seguir para muchos otros padres del pueblo. Muchas familias se autodestruían por causa de esto, pero la vida continuaba. Mientras otros padres se llevaban a sus hijos nuestro círculo se encogía; algunos de los niños que jugaban con nosotros de pronto ya no estaban más el día siguiente; dejaba una sensación de tristeza entrelazada con hilos de nostalgia y aun más vacío que roía las pequeñas consciencias de aquellos que aun quedábamos atrás. Siempre pensaba que pronto sería nuestro turno, que pronto nos reuniríamos con nuestros padres y los amigos que ya se habían ido.*

*Aun así pensaba que muchos se habían ido; pero aun quedaban muchos más . . . porque cada vez era mayor la cantidad de padres que emigraban para dar a los suyos un mejor mañana; así que continuaba habiendo una gran cantidad de niños dejados atrás, dejados del otro lado del mar.*

*Recuerdo que yo actuaba como un varoncito, me defendía como una leona. Como dirían mis abuelos como "marimacho"; aunque nunca me vestí como uno me respetaban por ser como uno de ellos. Los niños y niñas eran iguales en términos de los juegos que jugaban, así que disfrutaba de subirme a los árboles y matar lagartijas, pero también era muy femenina en otros aspectos. Recuerdo un día que discutí con la nana Rosa fuertemente; pues discutía con la nana porque quería tener un bimbín (es un palabra dominicana para pene), no tenía concepto de lo que decía, solo tenía 6 años, pero ese día yo* quería tener un bimbín para orinar en los huecos donde vivían las cacatas (las tarántulas). Recuerdo que le rogué tanto a la nana y lloré por tener un bimbín; no sabía cómo se veía pero sabía que los barones decían a las niñas: "muy bien ahora, dense vuelta porque sacaremos a las tarántulas de las cuevas; y nosotras nos dábamos vuelta y en segundos las tarántulas nos perseguían con sus miles de hijitos. Corríamos como murciélagos escapados del infierno, pero era divertido. Mi nana me prohibió terminantemente hablar jamás acerca del asunto del bimbín; y me lavaron la boca con jabón. Recuerdo que fue la última vez que mencioné ese asunto, jamás quise tener un bimbín después de ese día; parece que era una mala palabra y un asunto de mucha responsabilidad el tener uno, y mucho menos orinar en las cuevas de las tarántulas.

Un día, de repente mientras jugaba bolitas con los varones, me invadió un fuerte dolor de cabeza; no hice caso hasta que ya no podía ver las bolitas. Sentí como si algo estallara dentro de mi cabeza, sentí un mareo y nausea, y mi ojo derecho se nubló. Toda mi cara se enfrió, y sentía que mi cara pulsaba como si fuera mi corazón. Corrí a casa como una niña desquiciada. Todos se asombraron, jamás dejaría un juego de canicas o bolitas a la mitad, de hecho solía ganarles a todos los primos. Ese día estábamos jugando: Evelyn, Vivían, Evelio (el bule), Nicanor, Bertico, Dionel, Tatalo y Albanely (la chama). Así que llegué a casa y fui a contarle a nana. La respuesta de la nana fue: "no tengo tiempo ahora muchacha". No hubo más nada que hacer, y solo me acosté triste, me acosté sola, sin nadie que escuchara o le importara. Mis hermanitos eran demasiado *pequeños para entender, así que estaba completamente sola con lo que estuviera pasando dentro de mi cabeza. Así que lloré hasta que me quedé dormida como estaba acostumbrada a hacerlo desde que Mami se fue. Jamás nos llevaban al doctor a menos que fuera una emergencia de vida o muerte. Esa era la norma en la República Dominicana, y esta vez un simple dolor de cabeza no sería la excepción. En la República Dominicana no se acostumbraba ir al doctor a menos que hubiera una razón muy seria para hacerlo o tuvieras mucho dinero. Asi que como no había una razón seria para visitar al doctor, por lo menos a los ojos de la nana, ni sobraba el dinero, se hicieron de la vista gorda y no pasó nada.*

*Durante todo este tiempo pensaba que si mamá estuviese ahí, nada de esto pasaría; que quizás me hubiese hecho un té y me hubiera frotado mentol (la cura del milagro para todos los dominicanos. El mentol era el curalotodo). Pero con o sin mentol nadie vino a rescatarme. Entonces sentí que mi hermanito Saulio (que tendría unos cinco años, porque en este tiempo yo tenía aproximadamente 7) de pronto puso sus manitas en mi frente y oraba por mí. Sentí por primera vez el confort que brinda el amor de los seres que te aman; sentí que a él le importaba lo que sucedía conmigo después del juego. Permanecí en cama por horas. Recuerdo que me había recostado durante el día, me despertaba y me di cuenta que era de noche. Cuando eres niño, no tienes un sentido muy claro del tiempo, es decir la claridad significa día y la oscuridad es noche y es todo lo que te interesa cuando eres niño. Yo en lo particular no pude decir la hora con exactitud hasta que cumplí como 10 años.*

*De por sí siempre fui una niña debilucha y enfermiza, sufría ataques de epilepsia emocional, tenía asma, y me desmayaba en donde fuera, sin razón alguna. Ahora la lista se agrandaba más; pues me quedaba ciega sin saberlo, sin poder ayudarme a mí misma, y sin atención médica. No había tiempo para que la nana se ocupara de mí, y yo como niña no la podía culpar por eso, éramos mucho y ella era demasiado viejita. Al siguiente día, nadie sabía si aun había comido (en realidad era así casi todos los días) era un círculo vicioso sin fin, de maltrato silencioso sin intención.*

*Así que al siguiente día fui al colegio como de costumbre, no había comido nada y a la hora del recreo me desmayé. Hacía demasiado calor y el mediodía no era broma en la República Dominicana. Lo próximo que supe fue que desperté y estaba en casa. Mis abuelitos que vivían a una corta distancia, enseguida bajaron a ver qué sucedía conmigo. Ellos nos querían mucho y eran los parientes más cercanos que estaban en el pueblo.*

*Mis abuelitos nos traían dulce de leche y menticas (a los niños dominicanos nos gustan mucho estos dulces). Mis abuelitos estaban pendientes lo más que podían; pero también eran ancianos y frágiles. Me preguntaba por qué no venían más a menudo, porque cuando eres un niño te preocupas mucho de los detalles, solo disfrutas lo que te dan sin cuestionar o decir más. ¡Recuerda que los niños hablan cuando los pollos mean . . . o sea nunca! Durante los días que estuve enferma y me quedé en casa no recuerdo que nadie me trajera un libro o ningún objeto para hacer que me sintiera mejor (cosas que los padres harían hoy día), sentía que no había esperanza ni piedad para* mí. Así que mientras los demás niños continuaban jugando yo me quedaba en casa. Mi asma empeoraba. En ocasiones tenía que quedarme con mis abuelos porque era demasiado para la nana. Después de todo había tres niños más que ella debía cuidar . . . ¡cuatro en total para una nana anciana!

# Capítulo 5

## El Doctor Brujo y sus Hechizos

*E*l día que fui a dormir a casa de los abuelos, recuerdo que no les dejé descansar. Pasé toda la noche sacudiendo su cama por la tos infernal y el ataque de asma que no cesaba, creo que fue el peor ataque de asma que había tenido hasta entonces. Mis abuelos no eran gente muy religiosa en muchos aspectos, y creían que algo debía hacerse de alguna manera. Decidieron llamar al doctor brujo del pueblo para que hiciera un ensalmo (era una especie de conjuro que el doctor brujo decía y se suponía espantara lo malo que te rondaba).

Así es que el doctor brujo vino y yo estaba petrificada del miedo. Cortaron un mechón rizo de mi hermoso cabello, y me obligaron a pasar por entre un árbol rajado a la mitad, un árbol de guanábana recuerdo muy bien. También pusieron un mechón de mi cabello dentro del árbol. ¡Tenía tanto miedo! Yo solo gritaba como si estuvieran matándome. El doctor brujo también rezaba en una lengua extraña, yo no entendía ninguna cosa. Por último, recuerdo que hicieron una especie de amarre al árbol. Parecía que el árbol jamás hubiese estado rajado a la mitad.

*Mis abuelos hicieron esto sin permiso de mis padres, ellos probablemente jamás hubieran dado permiso a que participara en ese ritual. El hecho es que esto pareció mejorarme, parecía que mi asma mejoraba y las noches de silbido dentro del pecho se terminaron por un tiempo.*

*Luego me devolvieron a la nana donde mis hermanitos esperaban por mí.*

*El regreso a la escuela fue terrible, los demás niños no querían acercarse porque sabían que estaba enferma o por lo menos creían que estaba gravemente enferma y de acercarse, podrían contagiarse. Los días en la escuela se tornaron cada vez más solos, en ocasiones pensaba que era invisible a los ojos de nana; ahora también era invisible en la escuela; un día me di cuenta de que tristemente me había tornado invisible hacia todos los que me rodeaban.*

# Capítulo 6

## La Increíble Falta de Supervisión

*E*l pueblo era un lugar terriblemente aburrido para vivir, era un lugar de adultos. Un pueblo donde solo los adultos podrían encontrar alguna manera remota de relacionarse o quizás de disfrutar alguna cosa, con sus bailes y por su puesto el placer del licor.

No había lugares divertidos para llevar a los niños, ni museos para visitar. Nuestras salidas eran ir al río a bañarnos (y eso solo si un adulto podía acompañarnos). Sin embargo, porque nuestros padres no estaban ahí, teníamos una libertad sin precedentes; así que hacíamos lo que queríamos hacer y jamás nadie se enteraría (al fin que, nuestros padres ahora eran "neoyorkinos"). Aparte que la nana estaba demasiado ocupada cocinando y lavando para cuatro niños pequeños. ¡Era imposible para ella también llevar la supervisión necesaria de estos niños! En nuestro hogar apenas sabían que existíamos, así que jamás sabían con exactitud lo qué hacíamos. Nuestra nana era una anciana, y estaba cansado de tanta responsabilidad. Ella trataba de controlar a cuatro niños que corrían como locos todo el día, ella estaba al final de su vida y quería descansar. Así es que su cuidado era bastante genérico por así decirlo, su única preocupación era que estuviéramos en casa antes del anochecer y que antes de que la oscuridad plagara la calle estuviéramos en casa (ya que no había luces en las calles de Jánico en esa época). Esencialmente lo que importaba era que al final del día estuviéramos los cuatro respirando y presente en casa.

Comíamos cuando nos daba la gana, es decir la nana cocinaba siempre pero si no queriamos comer, no había problema porque ella no tenia tiempo, todos sabemos que los niños pequeños rara vez quieren comer, así que éramos un cuarteto de desnutridos; a pesar de que la nana cocinaba! Me daba lástima la nana, de cierta manera estaba en la misma situación que nosotros o peor; la única diferencia era que nosotros estábamos al comienzo de nuestras vidas y ella al final de la suya. Al igual que nosotros ella tenía un par de familiares que vivían lejos de ella (sus hijos), pero pocas veces le visitaban. Así que cuando por fin venían a verla, nuestro dinero para comida se compartía con ellos, porque venían de tan lejos que invariablemente llegaban sin un peso, era como un caso enfermizo del ciego guiando al ciego . . . ahora lo veo con aires de nostalgia y risa, lástima y tristeza por nosotros mismos. Esa pobre gente venía desde las montañas, de alguna parte de las montañas muy lejanas. Cuando venían a verla, ella compartía todo lo que podía dándole en si, a veces lo que no era de ella. ¡Qué amor más lindo tenia nana con sus hijos! Jamás vi que le dieran nada a la nana. Eran dos, una hija y un hijo. La hija estaba casada con un hombre que apenas podía mantenerse el mismo, mucho menos su pequeña familia; aunque debo decir *que el hijo eventualmente llegó hasta Nueva York y después sí se preocupaba y ayudó a nana hasta que ella murió. Pero durante el tiempo que duró con nosotros no recuerdo que ayudaban a nuestra nana en nada, solo recuerdo que le quitaban sin dar nada a cambio.*

*Todos vivían una vida tan extrañamente humilde, pero al mismo tiempo "normal" para el lugar aquel. Eran personas tan humildes, confeccionaban su propia ropa, y a nosotros los niños nos daba vergüenza todo lo que hacían: como comían, se reía, caminaban, bueno todo lo relacionado con ellos para nosotros era vergonzoso. Según mi Mami, la nana jamás tuvo un lugar propio donde vivir. Ella iba de casa en casa cuidando los niños. Así se ganaba la vida como niñera. También en sus días de juventud cuidó de mi madre. Así no solo se mantenía así misma sino que también mantenía a sus hijos. Vivía de caridad y gracia y así poder sobrevivir. Mi nana trabajaba demasiado sin ayuda de nadie. El padre de sus dos hijos había muerto, y aun en vida él nunca los reconoció (era lo menos que pudo haber hecho por ella, pero ni eso hizo) ¡Ella sufrió tanto! y sus hijos crecieron viendo esto lo que los hacía sentir inferiores, y se les notaba tanto su baja autoestima. El hijo de ella jamás aprendió a leer o escribir pues tenían serios problemas de aprendizaje. Pensando las cosas retroactivamente lo que más siento por ellos es una profunda lástima y nostalgia de que sus vidas de niñez no fue mejor, especialmente la vida de la nana quien los mantuvo por tantos años. La hija de la nana murió muchísimo antes que la nana y su hijo pudo venir a Norteamérica y a pesar de su dificultad con el aprendizaje logró aprender a conducir adivinando qué decía en las calles los letreros, él tuvo una vida más o menos productiva y una vejez tranquila. La nana era una mujer trabajadora como ninguna otra, y eso siempre será indiscutible, jamás tuvo un día de descanso, es solo que estaba abrumada y nuestros padres debieron haber visto esto antes de dejarnos atrás bajo su cuidado. Claro, que en esa época las personas esperaban que a las personas "fuertes" jamás les pasara nada ¡valla que error! Ella verdaderamente hacía lo mejor que podía, pero para cuatro niños pequeños, esto no era suficiente.*

*Era doloroso, era un castigo silenciosamente pasando por cuidado recio, era abuso infantil disfrazado de ¡cuidados tradicionales! Cuatro pequeños al cuido de una anciana cuya única opción era permanecer en pie hasta la muerte; el descuido no era intencional, pero pasaban cosas terribles como por ejemplo, recuerdo que mi hermanito desapareció todo un día, desde la mañana hasta mucho después de las 7:00 Pm y mucho después que la noche callera. Mi hermanito Jimmy se había enojado por romper unos bombillos lo que a su vez enojó a la nana (cosa rara en ella) y provocó una amenaza por parte de la nana hacia su favorito niño de oro Jimmy. La nana dijo que lo golpearía si no dejaba de tirar los bombillos, y eso indujo un terrible pánico en él y salió de la casa corriendo y desde entonces se desapareció. No lo vimos todo el día y no sabíamos dónde estaba, entonces mi tío vino del campo (por accidente) y lo encontró . . . ¡debajo del piso de nuestra casa! Primero buscó en el patio, luego en los árboles, hasta que escuchó algo debajo de los tablones de madera del piso; así que se paró en el portal y llamó su nombre. Mi hermano Jimmy estaba cansado de esconderse y hambriento, así que se dio por vencido y contestó. Estábamos contentos de que nuestro tío nos ayudara a encontrar a nuestro hermanito . . . la nana jamás lo castigó. De todos modos no lo hubiera hecho, pues de los cuatro era su niño favorito. Era el niño de oro, así le decían . . . "el niño de oro". Mi hermano Saulio estaba muy aliviado de que apareciera ya que eran prácticamente como gemelos. Mi hermano Jimmy era demasiado pequeño para entender el peligro que representaba su desaparición a solo cuatro añitos. Y yo, estaba tan aliviada de que hubiera aparecido porque solo había llorado desde que se fue esa mañana; solo oraba y lloraba. Cuando apareció ¡vi el cielo abierto! Mis padres nunca se enteraron, porque la nana no sabía escribir y tampoco creía que era necesario que mis padres se enteraran de su desaparición. Todos los días pasaba algo diferente. Pasaban cosas graves y no había manera alguna de hacerle saber a nuestros padres. Cuando se enteraban era por boca de los vecinos o cuando por fin podían venir a vernos.*

# Capítulo 7

## Cuando Las Pesadillas Se Vuelven Realidad . . .

*E*ntonces el día por fin llegó, Mami envió una carta diciendo que vendría en diciembre para las navidades. Así que los preparativos comenzaron de inmediato: limpiaron la casa como para las fiestas y prepararon platillos especiales . . . Entonces mis abuelitos que vivían en la parte superior de la colina, avisaron a la nana que mis hermanitos y yo subiéramos a cenar a su casa esa noche. Como todos conocían a todos, no había razón para desconfiar, salvo por un par de historietas acerca de fantasmas que salían en las noches, no había problemas, así que como aun era temprano comencé a caminar hacia la colina donde vivían mis abuelitos; lo había hecho mil veces, era costumbre de casi todos los niños en Jánico.

Aparte de que este no era un día más en nuestra casa, este día era diferente; después de todo Mami, seguro traía un vestido nuevo para mí y muñecas también. Esto era un gran día, y estas eran, grandes noticias y como niña al fin, yo sentía que debía compartir estas noticias con todos los que se cruzaban en mi camino y que conocían a Mami; para que todos supieran que Mami vendría y traería cosas nuevas para nosotros cuatro. Así es que emprendí el camino, la nana sabía adónde iba y mis abuelitos me esperaban. La gente del pueblo cuidaban a todos los niños como si fueran propios y no había problemas.

... Vendrían a rescatarme de haber hecho falta. Sin embargo no había motivos para ese tipo de preocupaciones porque nunca pasaba algo así de peligroso allá; Pues las visitas a cualquier casa eran costumbre, o sea muy normal a la cualquier hora del día o de la noche en el pueblo, ¡pero quién me lo diría que un paseo tan común se volvería una pesadilla!

Mientras iba de casa en casa, saludando a todo el mundo, también iba diciéndole a todos que mami vendría y me traía un vestido nuevo y una muñeca también. Todos parecían muy contentos de que mi mami venía de vuelta.

Hacía frío, o más bien la briza tropical que soplaba en la República Dominicana y otros lugares tropicales de todo el planeta en esos meses de navidad, estaba fría. Podías oler el delicioso aroma que salía de las casas mientras todos se preparaban para la cena de navidad.

Iba Camino a casa de mis abuelitos, y entonces encontré este señor cuyo nombre no mencionare jamás; así que le conté la misma cosa que le había contado a todo mundo ... y él se puso tan feliz como todos los demás. El estaba tan feliz de que mami venía que todo él era una sola sonrisa. La noche empezaba a caer, y en algún momento aquel hombre dijo: "Barbarita, pero ¡ella ya llegó!" entonces, apuntó a una chocita *que estaba bastante distanciada de donde estábamos. Y con un espíritu de firmeza y energía que hasta yo, a pesar de mi niñez, reconocí y sentí en ese momento que algo andaba mal. Dijo que me llevaría donde mi madre estaba.—Pero ¿mami está aquí?" recuerdo que dije, "pero ¿dónde?" "¿cómo sabes?"*

*El extendió su mano con un pulso muy poderoso y sostuvo la mía, sentí escalofríos por todo mi pequeño cuerpo, y aun no comprendo por qué obedecí. Aquella sensación no era reconfortante. Mientras pasamos por detrás de la casa que el ayudaba a construir, aquel hombre me mostró una letrina que había allí, me amenazó diciendo que me encontrarían ahí a la mañana siguiente. Me impactó tanto sus palabras que me sorprendí al escucharlas, pero en el momento me sentí turbada y en verdad no comprendí, porque no hacía sentido en mi mente lo que él decía. Decirle tal cosa a una niña de siete años era como hablar en otro idioma . . . pero en fracciones de segundos, mi mente vino en mí, y rápidamente me di cuenta de que esto no acabaría bien. En fracción de segundos pronunció esas palabras y también en segundos aquel ogro tomó control de todo mi diminuto cuello en su grotesca mano, entonces yo me frisé, pero el cuello de mi vestido se rasgó. Grité con desesperación fuertemente, pero nadie venía a socorrerme, en poco tiempo me di cuenta que gritaba en realidad dentro de mí mente, porque mis palabras no salían de mis labios. Recuerdo esta pesadilla ahora con lucidez y me engranujo, debí haber enmudecido momentáneamente del shock; pero en ese momento no lo supe. Me sentí que vivía un momento como de una película de terror que me persiguió el resto de mi vida, una película de terror que jamás debió haber pasado. Nada salía de mí, ni un grito, ni un lamento porque estaba petrificada del pánico . . . estaba endurecida como si fuera un trozo de madera, pero estaba consciente, sabía lo que sucedía en cada momento. Pero no podía moverme y ni siquiera pensar en correr. Sin saberlo en ese momento temía por mi vida, no sabía que era aquel temor enfermizo que tomaba control de mí, pero me imagino que temía morir. Temor a morir en las garras de aquella bestia, en ese momento él ya no era humano ante mis ojos. Se había convertido en una especie de animal que había atrapado a una presa indefensa. Yo no tenía idea de lo que aquel ogro planeaba hacer conmigo, pero presentía que no era nada bueno. Yo permanecía rígida, endurecida como una tabla, mientras él me arrastró hacia la parte de adentro de la casa que el ayudaba a construir para un miembro de nuestra familia. Veía lo que me pasaba como si escapara de mi propio cuerpo, y mi alma solo miraba hacia el costado, mientras él arrastraba mi cuerpo hacia adentro de aquella casa a medio construir. Yo sola no podía ganarle, era demasiado grande para mí. Luego el "cerró" el intento de puerta que cubría el boquete donde iría la futura puerta, era en realidad un pedazo de madera no tenía aldaba. Recordé como un mensaje de Dios, sin motivo ninguno en aquel momento, me vino como una luz en mi mente y recordé que en la casa de Mamá María en el campo, había un pollito que había escapado el ataque de un perro que había intentado comérselo (quizás esperaba tener la suerte del pollito). Mientras pensaba en el pollito y el perro, aquel monstruo se desabrochaba el zipper de su pantalón con animalesca rapidez . . . mis nervios tomaron control de mí. En mi mente oraba, no podía hablar, era demasiado el terror, en lo que parecieran horas miraba alrededor de aquel cuarto a medio terminar (debieron ser segundos en realidad) entonces vi unas cuantas rocas en el piso. Al parecer eran restos de cemento que quedaban cuando construyen la casa, eran como trozos de cemento que se habían unido en parte y parecían rocas con esquinas filosas que raspaban. Entonces pensé, que de hacer algo este sería el momento, este sería el único momento que tenía para hacer algo por mí, para salir de allí. Mi cuerpo respondió a mi pensamiento y logré saltar sobre él, y creo que fue su sorpresa lo que realmente me dio la ventaja, logré tomar una de esas rocas en la mano y le raspé la cara para marcarlo ya que sabía que tenía que contarle a alguien lo ocurrido, si yo lograba salir de aquí con vida, tal vez la palabra de una niña contra la de un adulto no iba ser creída. Corrí como una fiera, con toda la fuerza de mi mente y ser, caminé sobre su cuerpo hasta tumbarlo al suelo, ya nada me importaba. Empujé la tabla de madera que cubría el boquete de la puerta y salí corriendo como si un rayo de energía hubiese infundido vida nueva en mi cuerpo. Ni siquiera supe cuanta distancia corrí hasta la casa de la nana, donde aunque llegué a salvo estaba ¡aterrorizada! Mi cuerpo temblaba solo. Mis palabras nunca salieron para dirigirme a Mamá Rosa (la nana).*

*La nana estaba sorprendida porque había regresado sin mi hermano Saulio quien había llegado antes que yo a casa de mis abuelitos; pero como de costumbre no hizo preguntas ni acerca de donde estaba ni acerca de mi cuello de mi vestido roto. Entré a mi cuarto y me recosté deseando que nada de aquello hubiera pasado, deseando que fuera una pesadilla; de esas pesadillas de fiebre que le dan a uno cuando el delirio ataca¡ Esto era irreal! Hoy me doy cuenta de que aquel hombre iba a violarme y a matarme . . . y después que me matara, ¡arrojaría mi cuerpo sin vida a la letrina! Me dormí por lo que me parecieron horas, hasta que mis abuelos vinieron a casa de la nana más tarde y pidieron verme. Ellos no tenían idea de lo que me había pasado, así que cuando pidieron verme y preguntaron qué ocurría, yo no respondí! Solo me quedé mirando a la distancia como si estuviese perdida en el espacio, mi mente ida por completo con una mirada vacía en sí, y totalmente desgastada por aquella terrible experiencia. Mis abuelitos no lo sabían, pero mi sentido de la confianza había sido robado, ya no confiaba más en quienes me rodeaban. Era un vacío tenebroso, extraño . . . como si la tierra misma hubiese sido robada de debajo de mis pies ¿Cómo explicarles eso? Aunque nada llegó a pasar, ese suceso marcó el resto de mi vida; fue un evento traumático del cual por suerte logré salir con vida; pero cuyas secuelas ¡me persiguen aun hoy! Mis abuelos estaban preocupados (comenzaba a arder en fiebre y ellos no sabían por qué, no tenían idea de lo que había ocurrido, no tenían idea por lo que acababa de pasar). Entonces ellos llamaron al doctor para que me examinara (el Dr. Papo, el médico del pueblo). Entonces, el Dr. Papo intentó convencerme de que hablara pero yo no podía hablar todavía . . . se quedaron todos conmigo hasta muy tarde en la noche, la nana estaba muy consternada, y yo podía escucharla llorar. Ellos notaron que la parte de arriba de mi vestido estaba rasgado (los escuchaba conversar distantemente). Mi abuelo era muy conocido en nuestro pueblo, no toleraba que sucediera ninguna cosa con sus nietos, el Dr. Papo era muy dulce y eventualmente pude hablar con él y también con mis abuelos que seguían presentes. Mi abuelo escuchaba atentamente la conversación, pero antes de que pudiera terminar había salido como un huracán de aquella casa, azotando la puerta del cuarto y rompiendo el espejo de mi armario en mil añicos. El había enloquecido de ira, salió en una misión de encontrar al bastardo que había intentado hacerme daño. Después de eso, no supimos más del abuelo hasta muy tarde al otro día. Escuche decir a los adultos, que este hombre no tuvo escrúpulos al ser confrontado por los oficiales del pueblo y con mi abuelo. Todos notaron que su rostro estaba desfigurado y se atrevió a decir que solo jugaba conmigo. Escuché a mi abuelo decirle a mi abuelita que aquella mala persona jamás me molestaría ni a mí ni a ningún otro niño. Mi abuela gritó y dijo: "¿Qué es lo que ustedes han hecho?" Ella sabía que el abuelo lo desapareció del pueblo, de cómo lo hizo, no se sabe; pues ni rumores jamás volví a oír del hombre malo. Ha habido historias de que la policía ayudó al abuelo a matarlo y luego desaparecieron el cuerpo. Otra versión dice que la policía y el abuelo le dieron una paliza y le prohibieron volver ¡jamás a Jánico! ¿Cuál es la verdadera versión? Pues yo en verdad no lo sé. Era solo una niña, quizás si mis padres hubiesen estado con nosotros, esto no hubiera pasado. Toda esta tragedia . . . y mami estaba parada por causa de una mega tormenta de nieve en Nueva York esa navidad (¡quién lo diría); y yo siguiendo a aquel cerdo con ropa que decía que mami me esperaba en esa casita lejana. Por la gracia de Dios, ella pudo venir, para el 6 de Enero (día de Los Reyes) . . . era como tener nuestra propia navidad porque para los niños dominicanos es prácticamente navidad otra vez, así que fue como hacerlo todo de nuevo solo para nosotros ¡con mi mami!*

*Mi madre nunca supo lo sucedido, me obligaron a callar porque me dijeron que esto la entristecería demasiado . . . me dijeron que esto sería devastador para ella y el sufrimiento que yo le causaría seria irreparable. Así que crecí . . . creyendo que si compartía mi dolor con mami, en lugar de aliviar mi dolor y consolar mi vergüenza la lastimaría y la alejaría aun más de mí. Así que callé, callé complacientemente ¡hasta los 15 años! Cuando por fin me decidí y junté todo el coraje que pude y hablé con mi mamá, lejos de alejarme de ella o lastimarla, nos acercamos como nunca; lloramos y a partir de ahí jamás nos volvimos a separar. Mi padre aun continúa negando que esto pasó, quizás se sienta culpable por no haber estado ahí y no acepta que esto haya sido un hecho real; simplemente no cree que pasó cuando le conté hace 35 años atrás. El caso es, que desde entonces mi madre no nos dejó más. Estuvo con nosotros en el pueblo hasta que nuestras visas de inmigración estuvieron listas; fue como si supiera que la necesitábamos más que nunca ¡para nuestra protección! Los días iban y venían, mami extrañaba a papi, pero con frecuencia decía "no me voy sin mis hijos" y cumplió con eso.*

*Los papeles de inmigración llegaron un el día sábado al mediodía. Recuerdo haberle dicho: "esos son los papeles que has estado esperando". Ella los miró, mientras los habría se dio la vuelta y me dijo: ¡"nos vamos a casa"! y echó un grito de alegría. En un par de días, la documentación necesaria fue recopilada, y en el 1970 entramos a los Estados Unidos de Norteamérica.*

*Ese día, el día que salimos de allá fue como una especie de "Juicio Final". Estábamos felices pues por fin llegó nuestro turno de desaparecer de Jánico como todos nuestros amiguitos lo hicieran, y estar con nuestros padres para siempre. Pero al mismo tiempo estábamos tristes de dejar a quienes queríamos, quienes habíamos tenido por tanto tiempo y considerábamos nuestros seres queridos, la mamá Rosa—la nana—estaba muy triste, y nuestros abuelitos también se quedaban atrás. A nuestros amiguitos jamás les dio tiempo de despedirse porque estábamos de momento aquí en Jánico y de repente en los Estados Unidos; así que estábamos en el aeropuerto despidiéndonos de nuestros abuelitos y mamá Rosa la nana! Recuerdo que era como una despedida en cámara lenta, ellos nos decían adiós con sus manos desde la distancia y lloraban, pero yo pensaba: ¿"esto está pasando de verdad o es un sueño"? Me pregunté esto tantas veces. No recuerdo muchos detalles de este evento, ni aun siquiera recuerdo entrar al avión, o el color de los asientos, o el orden como estábamos sentados, ni la comida que sirvieron; es una mezcla de recuerdos mixtos de ese día. Imagino que mami cargaba a mi hermanita Marisol, porque era la bebé de la familia con solo dos añitos, y creo que yo ayudaba con el resto de mis hermanitos cuando aterrizábamos a tierra americana. Sin embargo hasta hoy recuerdo exactamente lo que llevaba puesto, llevaba una especie de yompa gris con camisa roja* que detestaba tanto, porque odio el color rojo, pero no me importaba.

Pude apreciar la diferencia del aeropuerto de la República Dominicana, pues era muy diferente al de los Estados Unidos. Cuando llegué acá no sabía por cuál de las 500 puertas entrar a los puntos de chequeo, todo era tan grande, todo era tan lujoso y limpio.

¡Por todos los santos! mi padre estaba del otro lado, podía verlo, se veía apuesto y feliz. Nosotros estábamos abajo y las personas nos miraban desde arriba a través de un gran cristal, ahí fue donde vi a mi padre. Nos reunimos al otro lado de una gran puerta que se abrió como por arte de magia (a mi me pareció como el Maravilloso Mundo de Disney); todo era nuevo para nosotros ¡un verdadero nuevo y mágico comienzo! Era abrumador ver a personas de todos los rincones de la tierra (de lugares que yo ni siquiera sabía que existían) ¡jamás había visto tantas personas juntas! El espacio era inimaginable, era bastante . . . pero ya no tenía miedo, el miedo se había ido y ahora solo sentía una vibrante y nueva sensación de esperanza. Aunque sí estaba triste porque había dejado atrás a aquellos que quería mucho, estaba muy feliz de poder comenzar de nuevo en un lugar hermoso ¡junto a toda mi familia!

Mi abuelo—Rodolfo Luna, falleció unos cuantos meses después de nosotros partir. Dicen, que murió por causa de nuestra ausencia . . . porque la ausencia colectiva de sus nietos le rompió su corazón. Mi abuela tuvo la suerte de poder entrar a Norteamérica y pasamos mucho tiempo juntos como una gran familia. Los días en soledad en ausencia de nuestros *padres quedaron atrás. Ahora nos esperaba una vida nueva, y estábamos todos repletos de increíbles expectativas en Norteamérica; porque sabíamos que ahora vivíamos en la "tierra de los bravos y los libres" y queríamos ¡contagiar nuestras vidas con eso!*

# Conclusión

*T*omó tiempo para que todo cayera en su lugar
después que salimos de la República Dominicana.
Los riesgos que un padre asume son enormes,
*y mientras escribo este libro puedo decirles que yo no podría
arriesgarme ¡jamás! al sacrificio que mis padres se arriesgaron
con nosotros, con mis propios hijos. Sin embargo, mi situación
es muy diferente a la de mis padres y uno jamás debe juzgar las
decisiones de otros sobre todo cuando estas abren puertas de
oportunidades para uno. Siempre se deben pesar los pro y contra
de cada situación y solo así determinar qué es lo mejor para
todos. En este tipo de situaciones nunca habrá un absoluto . . .
una respuesta correcta o incorrecta sino, un diferente resultado
para todos. A veces solo el tiempo es el mejor elemento para
curar heridas abiertas.*

*Cuando comencé a escribir este libro pensé muy dentro de
mí por qué querría hacerlo y traer todo esto a la luz. La verdad
es que me hubiera gustado encontrar un libro que expresara
la sensación de ira que aun sentía debido a todo lo ocurrido
¡Pero no encontré ninguno! Supongo que buscaba algo que solo
puedo encontrar en mi interior. Necesitaba encontrar paz en
mi, y cierre o una resolución amigable de mis conflictos internos
que no me dejaban descansar. Con este libro, pude juntar estos*

*elementos para curar a la niña que llevaba dentro de mi ser y que necesitaba a gritos que ¡la escucharan! Ya mi historia será contada por todo aquel que toca este libro. La niña ya no tiene que lamentarse ni llorar, pues ella ha sido escuchada.*

*Solo necesitaba decirme a mi misma que lo que ocurrió está en el pasado, ya acabó, y no regresará. Está bien recordarlo, pero no puede lastimarme, porque ya solo descansa en mi corazón. La vida es lo que haces de ella. Si esperas recibir cosas sin tener que trabajar por ellas, jamás tendrás buenos frutos. La vida es realmente hermosa, es un regalo de Dios, así que úsela sabiamente porque cuando se va es ¡para siempre! Sin embargo, esto me ha enseñado que uno debe respetar las decisiones que otros toman para mejorar la calidad de vida de los familiares, en especial de sus hijos.*

*Este tipo de decisiones no es para todo el mundo. Las cosas pueden marchar en la dirección contraria con gran rapidez y se puede perder total control de la situación prácticamente de inmediato. Hasta el estratega más hábil puede quedar sin plan alguno frente a las sorpresas del destino y verse obligado a improvisar o a considerar aun riesgos mayores que involucren a su familia. ¿Valdrá la pena? Yo no sé . . . solo lo sabe cada familia!*

*Pero sí le diré, querido lector que los padres emigrantes que dejan a sus chiquitines atrás y van a correr estos temibles riesgos deben por lo menos leer esto y pasar la voz: ¡ "<u>Peligro: Cuidado Con Los Detalles Pequeños Que Surgen en el Momento que das la Espalda! ¡Las Emergencias Que No Te Dirán; y Las</u>*

*Historias de Horror que Callarán acerca de tus CHIQUITINES MIENTRAS NO ESTAS!"*

*Se debe tener un plan A, B, y de ser posible todo el abecedario hasta que no haya más opciones y sea necesario buscar recursos en otra parte.*

*Creo firmemente que nuestras vidas hubieran tomado un rumbo muy diferente de no ser por el gran sacrificio de nuestros padres; el sacrificio de habernos traído hasta acá cuando lo hicieron. Con los años he aprendido a respetar lo que han hecho por nosotros, y ciertamente agradezco mucho sus actos de sacrificio por lo que los valoro.*

*Al escribir este libro he podido encontrarme a mi misma y espero que otros puedan hacer lo mismo, o al menos aprender a tomar la decisión correcta para sus familias. Por favor recuerde, que lo que funciona para algunos no funciona para otros; esto ha sido una misión muy personal y quizás no funcione para todo el que intente embarcarse en este viaje.*